共

同

体

COMMUNITY 011

各

美

其

美

美

美

与

共

共同体别传

为季羡林辩

几多风光几多愁

张曼菱 著

深圳报业集团出版社
SHENZHEN PRESS GROUP PUBLISHING HOUSE

张
曼
菱

汉族，女，云南人。一九七八年考入北京大学中文系。一九八二年毕业，到天津作协做专业作家，职称"一级"。一九九八年返回云南，致力于"国立西南联大"历史资源的抢救、整理与传播工作。

主要作品有：小说《有一个美丽的地方》，改编为电影《青春祭》；小说《唱着来唱着去》；散文集《北大才女》；回忆录《中国布衣》《北大回忆》；评论集《张曼菱评点〈红楼梦〉》；电视纪录片《西南联大启示录》；音像制品《西南联大人物访谈录》；史话《西南联大行思录》。

目 录

序言

自序

上篇　校园本色

中篇　高处不胜寒

序　言

命运与担当

钱理群

　　这是一本感情真挚又大有深意的书。曼菱自由无羁地书写她和季老的"忘年交"，又随时放言议论关于北大的传统、关于现当代中国知识分子的命运，等等。这些话题也都是我感兴趣的，边读边想，随手写下，算是对曼菱的回应。

　　说起北大传统，我总要想起杜威对蔡元培的评价："以一个校长的身份而领导那个大学，并对那个民族，一个时代起到转折作用的，除了蔡元培，恐怕还找不出第二个。"其实这也可以看作是对北大的评价。从这一角度看，北大在二十世纪曾经几次对国家和民族的政治、思想、文化的发展，社会的变革，历史的进程产生直接与深远的影响，可以称作"世纪辉煌"。在我看来，所谓"北大精神传统"正是在这样辉煌的历史瞬间所显现、培育的。其中就有本书所着重讨论的作为中国知识分子代表的北大教授，在关键时刻挺身而出的担当精神。记得一九九八年北大百年校庆，我和北大部分师生一起编写、演出话剧《蔡元培》，着重展现的就是蔡先生在五四运动中四处奔走营救被捕学生的那历史的一幕，其中一个场面是被捕学生回到学校，蔡校长向全校师生深深一鞠躬，说："把被捕同学如数交给诸位，我尽责了！"每回演到这里，现场每个演员、观众无不动容。但到了一九五七年反右派斗争时，就没有了这样的历史的一幕：那时候，所有的教授都如惊弓之鸟，自顾不暇，根本没有，也不可能为蒙难学生说话。这整体性的沉默，迟早引发良知尚存的北大人内心的不安。我自己是在北大百周年校庆时，发现一九五七年的历史依然被歪曲，突然产生了耻辱感，并和一些朋友一起编选了《思忆文丛·记忆中的反右派运动》（共三册），提出要建立"一九五七年学"，恢复历史的真相。我们这一还债之举得到了季羡林先生的全力支持，他亲任顾问，并为"文丛"题字。我读本书后才知道季老私下曾对人说，他"为自己不是右派而愧疚"。那么，他也是为自己没有与一九五七年的受害者共同承担苦难而感到愧疚。后来，我们所做的重新评价反右派斗争的努力，受到了当局的注意与问责，并且牵涉到我，有关领导还专门来调查。在这关键时刻，季羡林先生毫不犹豫地挺身而出，主动承担了责任。这样的保护后学、敢于担当的风骨，让我感佩不已，终生难忘。

因此，那年夏天，季羡林先生的态度和举动就绝非偶然。曼菱在本书里对此有一个相当精辟的分析：别人也会愧然，只是压抑于心；季羡林先生却可以因为愧疚而"自请入地狱"。这就"把道义责任的完成提高到了'生命羞耻'的地步"，这样的"知耻近乎勇"是一个很高的精神境界。其实，当时许多的北大老师都有这样的耻辱感，虽然心存不安，但大多数还是选择了沉默。因此在先生仙逝后，我从曼菱这里得知，季老当年就做出了"独往矣"的选择，"冲破知识界习惯性的沉默和隐忍，实践了'宁鸣而死，不默而生'的知识分子天职"，我感到了极度震惊和无地自容！更联想到在那个历史关头，这样挺身而出、主动承担的，还有朱德熙、王瑶等先生，就不由得对这些前辈学者顿生敬意。可以说，他们是在自己生命的最后阶段，将自己的以及中国知识分子的精神、骨气、正气，全部爆发出来，那是惊天动地的！这又是一个瞬间辉煌。而且，在我的感觉里，对于北大来说，很可能，这是最后一次的"辉煌"。

既然谈"最后"，就不能不说到以后的事显示出的季羡林先生的另一面，更准确地说，是中国知识分子命运中更加严峻的方面。

说到知识分子的厄运，人们首先想到的，是最具中国特色的强迫"改造"。所谓"高贵者最愚蠢，卑贱者最聪明"，知识成了原罪，知识分子被视为批判、打击的对象，就像季羡林先生的《牛棚杂忆》里所描述的那样，承受着难以想象的肉体折磨与精神屈辱，任何人都可以随意打骂，还要无休止地自诬自辱。这自然是中国知识分子历史上最不堪的一页。但人们却忽略了另一种命运——知识分子突然成了有充分利用价值的"香饽饽"，在"尊重知识"的旗号下，一切都向知识分子敞开：要荣誉有荣誉，要地位有地位，要钱有钱，甚至要权有权，但要一个条件：听话，配合。季羡林先生的最大不幸，就是应"上面"要求，由北大推荐，被定为"知识分子的代表人物"，而"一举推到社会顶峰"，成为"中央领导关注的对象"。应该说，季先生至少在一开始对这意图是清楚的，他不无沉重地说："在我现在'飞黄腾达'到处听到的都是赞誉溢美之词之余，我心里还偶尔闪过一个念头：我当时应该自杀；没有自杀，说明我的人格不过硬，我现在是忍辱负重，苟且偷生。"这是一种新的屈辱，因而也是更严峻的人格考验。季老一开始是拒绝的。面对神化自己的种种谀辞，他回答说："你们不是在说我，你们说的是另外一个人。"他心里明白:"有人不让他'做自己',要他做'另外一个人'。"为此,他不断地申说,自己真正需要的是"坐冷板凳",不受任何干扰地做学问,做自己想做,不顾及别人需要的冷学问。但在中国,就是不让季老和所有与他有类似追求的知识分子"坐冷板凳"。开始是永无休止的斗争与改造,不准"坐","坐"就是有罪,以至季老七十岁以后才"坐"下来,坐了十八年的冷板凳,完成近八百万字的皇皇大作,可见其创造潜力之大。但现在,却要用种种诱惑与干扰,让他坐不下来,久而久之就习惯于甚至安于不坐冷板凳了,一切创造性的独立的知识劳动生产也就此终止。季老说,正是这名不副实的吹捧使他陷入失去知识分子本分的危机,他为之"吃不安,睡不安"。也就是这样的"不安",表明了季羡林先生对知识分子在所谓"新时期"面临的新厄运的清醒,以及他在新的历史困境下对知识分子本职的坚守。这是难能可贵的。

但他没有坚守到底。曼菱说,"他在抵御。可惜这抵御的声音没法传递出去,终于越来越弱",以至他说出了别人要求他说,而不是自己真想说的话,做了一些"恐怕他自己也不明白"的事,逐渐变成了被人们非议的人。而且他已经被有关方面有意与外界隔开来,人们也无法知道季老是否知道这一切,他对此做何反应。这里只能讲我自己经历的一件事。

我曾经对季老的某些言论在私下提出过尖锐的批评，出于对老师辈的尊重，没有公开发表，却被一个学生写文章捅了出去，不久就听人说，"大管家"对此颇有微词，但以后记不得在什么场合，我有机会见到季老，他依然一如过去一样，对我表示好感，这让我有些尴尬，也很感动，心里想，或许这并不只是一种老人的宽容，他自己对事情的是非还是心里有数的。

无论如何，季老在被"奉为圣贤楷模"后的违心配合，已经构成了中国知识分子命运史、精神史上的一个典型现象，值得认真研究。曼菱在书中介绍了一位年轻人的解释：按照自己的意志制造知识分子典范是当局的一个举措，先生对此"心知肚明"，而他自己"见过中国的乱世，他也希望维稳"，也就"配合"之。这算是一种说法吧。我更愿意相信，这是因为季老自己也承认的"人格不过硬"，其中也有我们在下文还会提到的人性的弱点；而善于利用人性弱点，知识分子自身的弱点以及国民性的弱点，又是中国体制的特点与问题。不可忽视的，还有曼菱所提到的，季羡林先生在有关部门的特意安排下，与北大人交往受到限制，以至隔绝。这对季老更是致命的：他的生命本来是与北大休戚与共、生死相依、融为一体的，把他硬生生地从北大这一生命之根拔出，他就失去了支撑和力量，这是他最后软弱与屈从的一个重要原因。而且他自己心里是明白的，和曼菱的越来越难得的见面，他每次表现出的温情与依恋，似乎有什么难言之苦，这是特别让人心酸的。

季老和当代知识分子的不幸和厄运，还不止于此。随着知识分子社会地位的提高，影响力的扩大，其地位与影响本身，在商业社会里，就成了一种有利可图的"财富"，而像季羡林这样被中央领导关注、为万众瞩目的"大知识分子"，其拥有的文化资本就更加可观。而他因为个人兴趣积累下来的文物字画，更具有直接的同样可观的市场价值。这样，中国的知识分子，特别是季羡林这样著名的知识分子又有了商业的利用价值：在这样的历史条件下，在季老身边形成了"几个利益圈"，彼此恶斗，他自己成了"唐僧肉"，就绝非偶然。而这一切，都发生在季老的暮年，而如曼菱所分析，"老年人在生活料理上与外界交流时都必须依赖他人的时候，会产生一种屈从的心理，一种恐惧感"，这样的老人的人性弱点竟然被利用来加强对他的控制和利用，这是"不人道的，对季老是一种残忍"：他终于没有逃脱"寿则辱"的命运。

但季老并不总是糊涂，甚至可以说，在最后离开这个给他带来太多的不幸的世界时，他还是保持了清醒。他最后嘱咐曼菱要写《浮生六记》那样的作品。这其实也是他自己的意愿，如曼菱所分析，这"蕴含着文人不能主宰自己命运的巨大悲哀"，又表现了对"生命处在自在自为状态"的向往。他临终前特地交代要把曼菱父亲为自己写的祝寿辞送还，而祝寿辞上所写的八个字"温不增华，寒不改叶"，恰恰表明了季羡林先生自己一生的信念与追求：无论寒、温都不改本色。联系前文所讨论的季羡林和中国知识分子在一个多世纪所面临的各种历史厄运，尽管曾经有过妥协，甚至屈从，但他最后还是坚守了知识分子的本分。

曼菱书中谈到，陈四益先生在一次座谈会上，引述鲁迅在他的老师章太炎逝世后所做的历史评价：虽不免"白圭之玷"，但其"革命之志，终不屈挠者，世亦无第二人：这才是先哲的精神，后世的楷模"，认为鲁迅的态度对我们今天如何总结和评价季羡林先生的一生有启示意义——这也是此刻我想说的话。

我还注意到，鲁迅在悼念文章里特意提到，章太炎先生去世后，有人"作文奚落先生以自鸣得意"，并表示了他的愤怒与悲哀。历史竟然也如此相似：在终于离开了这个多灾多难的人世，季老依然不能入土为安，除陷入打着他的旗号的没完没了的官司，还遭到了国内，特别是海外的种种幸灾乐祸的指责和嘲笑。曼菱说，面对这样的隔岸观火的义正词严的"高论"，她每有"夏虫不可以语冰"之感。我能理解曼菱的感受，我自己在国内常常对现实有尖锐的公开批判，但到了国外，特别是面对那些居高临下的说辞，无论是对国内政治的批评，还是对国内知识分子处境的同情，我大都沉默以对，心想，国内的事情还是我们自己解决吧。曼菱说得好："国内学者所经历的曲折与辛酸，是难以对外人道的。而国内学者所承担的责任和那种'跌倒又爬起来'的弘毅精神，虽九死而不悔地推动着中国大地艰难前进，这种奉献与作用，则更是海外人所难以取代的。"因此，"为季羡林辩"是必要、必需的，这也是为处境艰难、历经坎坷的国内知识分子辩。季羡林先生一生的经历集中代表了始终没有离开中国这块土地的知识分子的不幸，理所当然地应该得到设身处地的对待。他（他们）在磨难之中对知识分子本色、本职的坚守和承担应该得到尊重和尊敬。而深陷泥泞之中发生的精神迷误，暴露的知识分子的、人性的弱点，应该得到同情和理解。其所暴露的人格的缺陷，在分清是非、吸取教训以后，也应该得到宽容。人非圣贤，孰能无过？要求"完人""完美无缺"的苛责，不过是道学家者言。这恰恰是应该抛弃的传统，我们今天需要的是理解与宽容。

二〇一六年八月十九日至二十一日

自　序

一个人的位置

每一位逝者的位置，由岁月及其人品格构筑而成。

这有一个过程，需要一定的时间沉淀。

人走了，历史的本质渐渐显露出来。世态炎凉左右不了。

季羡林是值得追思的。

先生出身贫苦，质朴聪慧，学成于清华，深造于德国，以各科"全优"的成绩获博士学位。

二战烽火使他滞留欧洲，但他没有虚度时光。

《季羡林自传》写道："在博士后的五年内，我写了几篇相当长的论文，刊登在哥廷根科学院院刊上，自谓每一篇都有新的创见，直到今天，已经过了半个世纪，还不断有人引用。这是我毕生学术生活的黄金时期。从那以后再没有过了。"

"从那以后再没有过了"，这里面蕴含多少辛酸之痛。

这个遭遇具有代表性，那一代学者，很多人回到祖国后，却被剥夺了治学的生涯。然而他们认定宿命，愿与母土同沉浮。这其中内含"节操"，并非只是无奈。

英年展露风华，季羡林很早就奠定了他在印度学研究上的国际地位。

"一九四六年秋天，我到北京大学来任教授。兼东方语言文学系主任。是我的老师陈寅恪先生把我介绍给胡适、傅斯年、汤用彤三位先生的。"

其时，季羡林三十五岁。

"从那时到现在时光已经过去了四十二年，我一直没有离开北大过。"

北大此前有东方学系存在，后来与外语合为一个学系。一九四六年又独立为东方语言文学系。从这个意义上说，"季羡林是东语系创始人"是成立的。

北大给他的悼词为："开创了我国真正现代意义上的东方学研究。"

先生貌相谦和，内心却有一股学人锐气和志量。

校园随着时代动荡不停，季羡林在七十岁后，才有了坐下来专心著述的时间空间。在八十八岁时，他出了二十四卷的文集。其中二百八十万字的《罗摩衍那》是在"文革"中顶着巨大风险翻译的。这些建树，显现了一位学者巨大的人格力量。

他一生致力于东方文化的研究，以印度为主。其学术成就，北京大学在悼念文字《季羡林先生生平》中予以高度评价。

他有两部重要的人生回忆录：《留德十年》和《牛棚杂忆》。

这两本书都是学者之作，文笔朴素，仿佛"活化石"一般，追忆当时的情景和初心，毫无事后的修饰，具有史料和人文价值。

季羡林说过："平生爱国，不甘后人，即使把我烧成灰，我也是爱国的。"

到八十高龄，他还在秉烛达旦地做学问，因为内心有一个朴素的志向："让外国学者也跟着我们走。"在东方学的领域中，季羡林做到了。

作为二十世纪八十年代的北大学子，我有幸与先生结识于春风满溢的校园。

我亲见并亲历了一些事情，眼见一生沉静的季羡林，心存"社会担当"。

先生对国家领导人直言不讳，并曾在晚年经历严峻考验，做出掷地有声的选择。

当季羡林终于站在胡适墓前，他无愧于恩师"宁鸣而死，不默而生"的宣告。

晚年的他多次说："我是北大教授，东方学学者，这就够了。"

正是有像季羡林这样一批敢于担当的教授，北大作为"北大"继续存在着。

在季羡林的晚年，围绕他发生了很多乱象。这不该由先生负责。

大格局是由社会造成的。先生以一种不避不让、不遮不饰的态度，坦然而逝。

后面的事情，当是后来人的责任。

用先生在纪念邓广铭时说的话，是"后死者"对"先死者"的责任。

二〇一六年清明

一九三〇年，季羡林先生毕业
于山东济南高级中学，时年
十九岁

一九三四年，季羡林先生在清
华大学毕业时留影

季羡林先生的夫人彭德华

一九三五年七月，季羡林先生离开济南赴德留学前，与中学同学合影

一九三七年五月，季羡林先生（左二）与留德的中国学生合影于哥廷根

上 篇

校 园 本 色

相识于"竞选"风潮

先生常用戏谑的口吻说："近年季羡林走俏。"

与季羡林相识，是在他没"走俏"，我也颇不合时宜的年月。

季羡林交人，肝胆相见。但这种"君子一诺"便许千金的方式，不适用于社会。

一九七八年，作者考入北大，在北京玉泉山留影

先生常用戏谑的口吻说："近年季羡林走俏。"

与季羡林相识，是在他没"走俏"，我也颇不合时宜的年月。

一九八〇年秋末，北大第一次用竞选方式来选举人民代表。这在全国也是第一次。

我是第一个"跳出来"的女竞选者。

北大成为中国开放之初各种思想的舞台，当时社会上的各类风云人物来到北大，如：倡导"启蒙"的刘青峰夫妇，遇罗克的妹妹遇罗锦等。

水涨船高，竞选者们的调子节节攀升，年轻的学子们开出一套套"治国良策"。国际重要媒体纷纷登陆北大，记者们从礼堂追踪到宿舍楼。

我的竞选口号是"东方美"。我在"宣言"里以张志新烈士为先例，标榜中国女性在当代为社会所做出的卓越贡献。

我也讲到"大学生分配原则"和"出版自由"，当时却没人注意。

而我关于"男性雌化，女性雄化"的言论，却触怒了许多人。

当年北大有三面旗帜：一面是激进改革派，一面是稳健改革派；我有幸被列为第三面旗帜——"人性解放派"，可谓恰如其分。

这与我的人文理想以及后来的作家道路是相通的。

从电影《青春祭》开始，直至二〇一四年，我在北大的演讲《压抑的胜利》，都是顺着这条路走下来的。其他各位竞选者也基本"不改其道"。

从这一点说，我们这些竞选者没有辜负当年选民们的信任。

在北大经历的这一段，正好套上那阕令我们这代人所喜爱的吟诵不厌的伟人诗词："恰同学少年，风华正茂，书生意气，挥斥方遒。指点江山，激扬文字，粪土当年万户侯。曾记否，到中流击水，浪遏飞舟？"

在中国改革开放之初，北大所爆发的这一次民主竞选产生了大量吸引社会各界的观点、思想，其丰富、激进、开放和全方位思索的内容，后来直接影响和介入了社会改革进程。

现在是小学生都知道"竞选"了。可那时，"民主"的意识甚至在北大也很可怜，人们可以忍受一个不认识的官方提名之人，却不能忍受自己熟悉的人成为"候选人"。

作为"第一个女竞选者"，我受到强烈关注。

我生性自由，时常口出狂言，爱唱爱跳，还剪了一个男孩子的小平头，为当时一些同学所不容。这样一个任性的女生，不是传统中的"代表"形象。

一方面，我与竞选者们共同承担着尝试"民主选举"的风险；另一方面，我还要承受作为"女性竞选者"所遭遇的嘲笑和打击。

有人说我"不懂政治"，劝我退出。有人把我当作"头发长见识短"的典型。

一个刚满十八岁的女生因为受不了人们对一个女竞选者的羞辱，愤而撕碎了手中的选民证。我的职责是找到她，说服她再去领取一张选民证。

而一场风波正来自我所在的中文系七八级文学专业（"文学七八"）。同班人以"大多数革命群众"的名义写大字报反对我，贴满了校园三角地最醒目的大字报栏。一时间，我成为校园的"重头戏"。

班上多数同学其实并不了解我的过去。我的"平反证"从云南寄到中文系，班上书记尚新找我谈话，说"没想到你是个反'四人帮'的英雄"。

我在昆明医学院当工人时，是那里的团支部书记，以此身份，一九七六年四月，我组织了全院悼念周总理大会，将花圈送到昆明中心广场，后被打成"反革命"。

当我看到王军涛的《竞选宣言》里的那句"让我们推动中国"时，我决定成为竞选者中的一员。

同班同学却说我是"为了找朋友而竞选"。事实是，由于我竞选，在社科院读研的"红学"男友与我分手了。

大字报所揭发我的事情令人啼笑皆非。例如：我在宿舍里说过"我不用买书，以后找一个有书的男友就行了"。

事实上，我那位男友交代过我，他有的书我不必再买。

有外系的同学批注"文学七八"的大字报，说"'文化大革命'又来了"。

我与"文学七八"的任何一位同学都没有个人恩怨，就像我哂笑所言："我没有抢过谁的男朋友。"

除了创作，我没有什么雄心，也不管别人的闲事。

同班人为什么看我不顺眼呢？我认为主要是他们"观念陈腐"。

我爱说一句话："此地不留爷，自有留爷处。到处不留爷，爷自成一处。"

为此，系领导找我谈话。而今，这句话风靡北大师弟师妹群，成了校园佳话。

毕业前夕，班上书记老田对我说，要"重新认识"我。他说，一直把我当"重点"，认为我是"要出问题的人"。

我这才毛骨悚然起来：原来"反革命"虽然被平反了，事还没有完。水很深！

在校园里，告密之风是合理的。"整人"的一套体系没有变。

但是，好在北大总有一道公平正义的目光注视着发生的这一切事情。

对于特立独行的精神，校园会做出一种呼应。

一天，七七级、七八级合并上美学大课。

金开诚老师登上讲堂时，讲了几句题外话：

"同学们，我刚才走来，看了一份大字报，很多人反对一个女同学，好像不是对同学的态度。我不明白你们的事情，但是，北大'反右'时的教训请你们吸取。好了，讲课。"

下课后，我目视金老师离去，一股坦荡之气洗涤心怀。

一个夜间，晚自习后，我独自漫步，走向未名湖。

忽然，我感觉后面的树丛里站了一个人，好像在跟着我。

一个人影走出来，她自报姓名"李玉洁"，并说是副校长季羡林要她尾随我，以防"发生意外"。

见我疑惑，她将我带到了季羡林的家中。

那时候，季师母还在，坐在客厅里，一双扎绑的小脚，青布衣衫。我打过招呼，就随先生去书房。

初次见面，我们却没有谈"竞选"。

他只是问我"是哪里人？"然后就说，昆明他去过，是好地方。

他没有提及大字报的事情。他仿佛是天然地就信任着我。

我们一见如故。看我大大咧咧的，"已摒忧患寻常事"，他与我谈开了人生与学问，颇为融洽。

当时在大字报栏里，我的种种另类怪癖和曾经当过"反革命"的经历全然曝光。

我那位社科院的"红学"研究生男友与我断然分手，似乎在说明我的"不可救药"。

我以为，若是思想"老派"一点的老师，是不会喜欢与我接近的。因为我的形象是一个"麻烦制造者"，没有现出一点"有出息"的样子来。

这个时候能够慨然与我交往的，当视为知音。

身为副校长的肃然学者，季羡林总是含笑对我，他从来不提我受到非议的事，而是对我说："没事可以来。"

相见时，我们所谈都是随意和淡淡的。双方都想见面，其实又没有任何实质性的"事情"要办。当我愣头愣脑闯入朗润园那荫庇下的房间时，那份轻松、惬意，是一种享受。

记得有人对我与季羡林如何达到这种随心所欲的交往感到惊讶。他们说他"不理人"。

"理"与"不理"，先生是有深刻的观察和选择的。他静穆待我，久之，如有默契，如是同谋。

也许，我以"南蛮子"自命的本色打动了他，使他想起自己上京求学的青春。季羡林是以"乡下人"自居的。他蔑视豪门与市井小人。

也许，我于孤独中"无所谓"的性格，成为他堪以为"忘年交"的依据。他看到我虽为孤军却并不退缩畏惧，我行我素。

李玉洁说，我那个奇异的竞选口号"东方美"，让季羡林这个东方学者颇觉合意。

一九八〇年，北大民主竞选海淀区人民代表，作者作为竞选人回答选民的问题

北大民主竞选中，作者的《告选民书》

孤高的天性，使我不愿意贸然往那些知名教授家里去。记得地理系的侯仁之先生也很慈爱地叮嘱过我"可以来"，而我有所顾忌，错过良机。

但是李玉洁会找来，说："先生让你去一趟。"对于我这个来自边地的女生的孤僻，季羡林心知肚明，他宽让迁就，令我不觉得交往有委屈。

每次，我"得令"后，就摇摇摆摆地穿过后湖去看他。

别人觉得我说话是"天一句，地一句"，季羡林却视为平常，他笑着，回应我，从来不做硬性的教诲。他没有挑过我一句的"刺"。

现在，我知道，我那时候确实是不知天高地厚的。并且，我也缺乏逻辑的训练。很多东西都是后来在暗中"恶补"的。

先生给我的感觉是，他真心盼望我来。我在他那里并不是一个弱势者。

在后湖那边，有一个世界在接纳我。先生好像看到，在我的野性下面，流淌着一条文脉的小溪，总有一天会奔腾而出。

校园内的竞选结束后，社会各界对这场突如其来的观念大展演持有不同看法。中央调查组来到北大，挨个儿地找我们这些竞选人谈话，企图弄清我们的态度，以判断事情的性质。

胡耀邦同志坐镇中央，正是指挥全国对"冤假错案"平反的高峰期。工作组持严谨的调查态度。

一九八一年三月二十日夜间，一个初春之夜，中国男排不负众望，冲出亚洲。北大校园一片沸腾，同学们冲出教室、宿舍、图书馆，自发地游行欢呼。

可是竞选者们却因为恪守对校方的承诺，不能参加群众活动，足不出户，全都销声匿迹了。这让激情中的同学们找不到他们心目中的领袖，颇为失落。

听到楼下的欢呼声浪，我禁不住诱惑，把脚从湿漉漉的盆里提起，蹬上鞋，冲下楼了。

周围火光熊熊。三角地上，小卖部前的一大堆空箱子被点着了；路上的小树也被点燃了；从男生宿舍楼的窗口飘下一片火光，那是一个男生把他的凉席点着了。火光片片，有的甚至把讲义也点着了。

从男生宿舍的楼顶上传出了小号声，那是国歌，此刻最神圣的高于一切的声音。我们的泪水涌出，凝神谛听。

人流通向紧闭的南校门，很多人在喊"冲出去"。

我感到事态的严重性。校园内外大不一样。

校党委韩天石、马石江曾对我们一再叮嘱："任何事情在校园内解决，绝不能把同学带到校外去，引起社会混乱。压力已经够大了。"

在这种敏感的历史时期，多少事可能因不理解、不沟通、观念的差距而导致不必要的严重伤害。

有同学发现了我，他们围拢过来，问："怎么办？"

我挥舞手臂，先指挥周围的一圈人唱起了国歌。

同班的男生汪守德、范开明从旁边推过来一辆自行车，扶着我站到了自行车凸凹不平的坐垫上，我喊道："我们唱《毕业歌》，同学们，大家起来……"

歌声响起，吸引着大家聚集过来。唱完"团结就是力量"，再唱"五星红旗迎风飘扬"。

这时，校团委的几位干部——闫玉霞他们也来到我跟前，他们说："张曼菱，千万不能让同学们出去啊！出去事可就大了。现在大家都听你的。"

他们说的是实情。竞选正在受到质疑，同学们心向竞选者。

选民们各自怀着心目中的英雄。可那天夜间，由于竞选人对校党委承诺：不参与公众活动。一下子困住了所有的豪雄。

竞选者中只有我这个女生"违规"跑了出来，于是同学们都听我的了。

有的时候，历史是"违规者"所创造的。

人群中响起了口号声："中国万岁！""男排万岁！""民主万岁！"……显然，唱歌并不足以表达大家的心声。

人群中有两句口号吸引了我："北大清华，振兴中华！"也有很偏颇的口号。

我心中一亮，改造这个口号。

我大声说："同学们，我们一起喊：团结起来，振兴中华！"

有人拉拉我的裤脚，我弯下腰，他着急地对我说："振兴中华，是国民党的口号。"我说："顾不得了，现在就这个合适。"

跟着我挥动的手臂的拍子，大家一口气喊了十遍"团结起来，振兴中华！"

许多录音机伸到我的身边，我意识到需要传播："团结起来，振兴中华！"……

那时，大家都用三洋牌录音机，很多个长方形的小匣子在我的眼前晃动。

有一盘录音带被连夜送到了中央人民广播电台。

这就是北大人干的事：强烈的敏感性，舍我其谁的责任感，使命般的各就其位。

清早，我还在梦中，有人敲我们宿舍门，校党委派人来叫我。

一进办公楼一〇一，见韩天石、马石江在那里，神情激动。马石江上来就拥抱了我。他说："我们都知道了，你干得好！"

韩天石说："学生不爱国，是教育的最大失败。昨晚证明了，我们北大同学是爱国的。我们有自己的口号了——团结起来，振兴中华。"

那时候，清华已经有一个口号，叫"从我做起"。

当时还没有想到，北大人喊出的这个口号会响彻全球。

翌日的北大校报登出了我们前一夜的壮举，报上说，大火把我的衣服都烧着了。我检查自己的衣襟边沿，果然烧焦了。

中午，我们端着饭碗，站在路旁，蹲在树下，一面吃，一面听着高音喇叭传出的中央人民广播电台的报道，那是我们前一夜的欢呼声和一浪又一浪的清晰的口号声："团结起来，振兴中华！……"里面还夹杂着我的尖叫声。

后来，我才知道，是北大团委副书记黑良杰及时安排人进行现场录音，把录音送到了中央人民广播电台。此举可谓是"一锤定音"，为当天晚上的那场自发性的学生聚集鲜明定位。外界的谣传可以休矣。

在当时巨大的压力下面，电台的广播是对北大、对竞选的有力保护。

《体育报》上，前一夜北大的盛况被登在了头版头条，大标题就是"团结起来，振兴中华"。《人民日报》上也有一个小方块在说北大的这件事。

中央调查组在次日撤离。那天夜里，他们一直在现场，观察到了全过程，得出结论：北大学生是爱国的。

毕业后的一个国庆日，我接到马石江的电话，他说："曼菱，我正站在天安门上。我对面的大花坛就是'团结起来，振兴中华'的图案。"

二〇〇六年十二月四日，家乡冬日的阳光倾泻在案前，我在为《西南联大人物访谈录》做最后的修订。忽然收到远在北大的校友郭海发来的电邮，这是北大新闻网一条名为"北大隆重纪念'团结起来，振兴中华'喊响二十五周年"的报道：

> 二十五年前，世界杯亚洲区预选赛上，中国男排顽强拼搏，逆转制胜。北大燕园，一位名叫张曼菱的女生被众多激情澎湃的北大学子高高举起，"团结起来，振兴中华"的呼唤声响彻燕园，标有"团结起来，振兴中华"的横幅在三角地、在宿舍、在燕园的天空高高飘扬⋯⋯

"三二〇"之夜是北大勇敢尝试"民主竞选"后的一个延续和收尾。那天晚上的冲动、把握和传播是对北大人素质的一个综合测试。北大人交出了一份完美的答卷。

"三二〇"的背景，首先是上至中央胡耀邦，下至北大领导韩天石、马石江，以及校团委、学生会，对于北大学子的民主精神的高度理解与爱护。

当时在校的大龄学生以及学生干部都是来自社会底层的有阅历的人，他们对中国国情与形势理解很深，最终将同学们带到一个广阔地带。

在"三二〇"之夜，我这个女竞选者，从一名被同情与侠义所援助的弱势女生，一举成为校园认可的"学生领袖"，从此被无数的校友铭记，很是幸运。

在最后一个学期里，我的处女作《有一个美丽的地方》在《当代》发表。毕业前夕，几家电影厂到校园找我拍电影。

走在校园里，选民们向我热情祝贺。

在这批竞选者中，大概我是第一个"出线"的。

作品的成功，证明我并非"专业没有出路"才去竞选的"愤青"。

其实，当年的竞选人中，有很多位是各系的佼佼者，个人出路无须担忧。我们"跳出来"确实是因为"忧国忧民"。

回忆我走过的道路，坎坷而幸运，北大成全了我。

当我还没有实力来证明自己时，我只是一个粗服乱发、口出狂言的边地女生。季羡林亲切地接纳了我。整个过程中，他好像什么也没说，什么也没做，但他让我觉得有一种关心和温暖在身后。他听任我自由地去想，去做。

他静穆地守望着这只丑小鸭变成天鹅的整个过程，他看到了那些污泥与讥笑，也看到我飞上蓝天，证明自己。

毕业离校时，李玉洁来叫我过去。季羡林将刚刚出版的书成套赠我，是印度史诗的译著。

他文字清明，有素朴之风。其中有优美的印度传说《沙恭达罗》，那是我童年时代就读到的极具东方宿命色彩的动人故事。

从中我似乎能够感受到季羡林内心那种神秘节奏和隐晦的光芒。他的精神邀游在东方古老的园林，与现实若即若离。

一九八六年岁末，电影《青春祭》在美国举办"中国电影首届新片展"，我应邀访问好莱坞。

我所在单位天津作协接到电影局的传真。他们对我说："你这样出去是最硬的，传真上就是你的名字、你的作品，想要替代也不成。"

那个年头，大家都想出去看看外面的世界。但是在"组团"的时候，时常会临场生变。名额有限，于是大玩"关系"，反正换了谁，也不能说什么。

临行前，我给季羡林打电话，先生要我走的时候上北大去一趟。

通知上说"集训"三天，不料我到京晚了，次日就去机场集合。我不能去北大了，只得再打个电话。

飞机起飞后，这个代表团的成员才第一次见面了，有电影导演黄建新。团长是中国电影公司的曾德胜先生。曾躺下，戴好眼罩。我们也就睡觉。

忽然，广播里响起了声音，分明是在说我的名字，一连喊了几次，要我到前面的特等舱去，有人找。这简直像是做梦一样。

那天是个特别的日子。刚上飞机就听见"刘宾雁被开除党籍"的消息。大家都小心翼翼的。忽然发生"点名"的事情，在出国的飞机上。

广播一遍又一遍，我坐起来，摘下眼罩。团长也坐了起来。我对团长说："那我就过去了。"他点点头。其他人疑惑地看我。

走进特等舱，一位仪表堂堂的中年人，极其有风度，他请我先坐下，然后叫空姐来，问我喝什么。

我喝着咖啡，他才告诉我，他是中国民航的一名工程师。

他是最后一个登机的，当他从贵宾室走过时，看见一位特有身份的老太太急急慌慌地赶来，手里举着一封信，对空姐嚷嚷，要登机去交代这封信，并说她是北大季羡林派来的。空姐不理会。

总工说，他知道季羡林这个人，很著名的学者，人很好。他把信接了过去，告诉老太太"放心"。于是发生了在广播里找我的一幕。

信没有封口，我打开来看。原来，季羡林担心我第一次到美国，万一钱不够花，或有难处，特意将我介绍给他的几位朋友。

我心里说：先生啊先生，你可真能吓死人哪！

总工说："看来你是季先生非常器重的学生，他对你这么爱护，很感动。"

我坐在特等舱和他聊了一会儿。他告诉我，咱们国家的民航太缺乏乘客意识，时常在机场将飞机"大卸八块"地修理，让乘客看着没有安全感。

我想，团长一定在担心，不知道我出了什么问题。我还是快些回到自己的普通舱去吧。

我穿过睡觉的人们，回到自己的座位。团长果然没有睡着，他看看我，没有说话。我先躺下，然后说："团长，咱们在外面要是没钱了，可以找人。"

我摇摇手上的信，把原委说了一下。

在洛杉矶参加活动之余，我按照信上的电话打过去，说："我是季老的学生，先生让我问候您。"对方说："您要不要上家里来啊？"我说："不用了。"

本来安排很紧，何必节外生枝？

这次活动，美方发给我们个人津贴，也没什么要花钱的。

后来跟先生又见面的时候，两人都没有提到这件事。但先生与国外的朋友是有联系。他知道我没有去烦扰人家。

季羡林有着激越坦荡的情怀，但轻易不露。他写信给国外的相识关照我，正是北大清华的传统遗风。他自己当年在国外也屡次得到恩师的来信所惠。

老秘书李玉洁说，季羡林像老和尚似的，性格活泼的我却能与他一坐几个时辰。而每知我到京，先生都会兴奋地等待。

季羡林非常细腻和敏锐，谈话直指人最需要的一种精神需求。他总是对我最狂妄的思想与作为给予明白的肯定。

一九八八年，我访美归来，正值海南经济特区初建。我心高气大，于是在岛上筹办一所"东南亚职业大学"。

在当地政府的支持下，我考察了通什州府原址。我看中了它的民族风格与相对封闭。

通什是山区，四季凉爽，山林翠盖，民风淳朴。海南办"大特区"，这一级政府已经宣布撤销。特区一级的领导表态：如果我成功，这片美丽庄严的州府，首先提供给大学使用。

海南的市场经济大潮即将来临，职业大学培养的人才方向，正是社会之急需。面向东南亚招生，会有大量华侨子弟返回祖国。海南文昌是有名的侨乡，兴隆农场则是归侨集聚之地。这个岛与东南亚有天然联系。"生源"是不愁的。办学的同时，还可能吸引华侨的投资。

而其他各省求职者正在形成人潮。岛上几个相识的老板总问我："什么时候开学啊？我先送我的助理来吧！"

我返回北京，和中国人民大学赵履宽老师商量。那年中国首次考察南极，他曾经支持我参加南极科考队，并介绍我去见了于光远。赵是云南人，非常器重我这个小老乡。

那天我赶到赵老师家，还见到了他的妻子杨勋。杨勋身材高大，梳着双辫，性情爽朗。她正在帮助母亲择菜，准备做饭。杨勋在北大经济系，传说他们的工资调整项目参与了国务院的智囊设计。她被人们称作"活着的张志新"，是一位传奇人物。

赵老师对我的方案由衷欣赏，我说，"北大"人清高，"清华"人严谨，"人大"的学生比较"入世"，我想集"三校"之特点。所以，这所职业大学要邀请三校的教师授课。赵说，这正是国家与时代所需。届时，人大方面和其他高校的教师，他都可以约请到，这些老师可以兼职。

我还请他帮助策划教学大纲。一年级的重点是"秘书"与"管理"专业课程。其次是一些文化素养课，讲东方文化的，包括"书法""诗词""礼仪"等。

我这样一个刚刚离开学校的学生，会想到要办新型大学的事情，在那个大有作为的时代，一点也不奇怪。我的周围都是些朝气蓬勃的才干之士，我备受赏识，左右逢源。

然后我到北大拜访了周培源与季羡林。拜访周培源是想获得教育部的认可。我当时大胆地提出，发行"教育债券"。因为父亲曾经告诉我，要办大事，办为社会认可的事情，应该向社会寻求集资。见周培源的情形，现在已经模糊了。记得他很惊讶地看着我，没有表态。

见季羡林，则完全不一样。他与我一样地兴奋起来。我对季羡林说，现实社会急需一批具有理想的务实型学子。他立刻表示支持。

一天，李玉洁打电话给我，说先生已经筹到六十万韩币，让我用发票来北大领取。李还提示说，先生教你了，可以先用购买大型器材之类的发票，办大学不就要购买设备吗？不要怕，先花着，下面还会有款项的。已经有人认可投资。

我说，这样，先生就来出任我们职业大学的名誉校长吧。对东南亚有号召力。季羡林同意了。

"职业大学"的事，最终因申报未果而息。先生筹来的款岂敢动用？我分文未取。那笔款就一直放在东语系了。一年多来的筹办奔波，完全是我用自己的稿费支撑。也许从这件事情上，先生看出了我的清白。

开放之初的海南，承载过我的大梦。风云变幻时，海南又收留了无路可投的我。

与赵履宽老师夫妇多年失去联系，一直心有牵念。近日，他们的儿子通过北大人的微信群找到了我。当年我去赵老师家时，看见一个十岁的男孩，他，现在成了我的师弟。

季羡林交人，肝胆相见。但这种"君子一诺"便许千金的方式，不适用于社会。其实季羡林就是在校园内也常被人骗走钱财。

到后来，他的交往圈子变化了，钱财似乎滚滚而来，索取的人也络绎不绝。而他行事依然如此，轻信于人，发生被欺骗与被利用的事情，也是必然的。

二

朗润园：一条文化的长河

　　季羡林说得最多的话是"一个民族最需要的是创造文化和传播文化的人"。他希望我做这样的人。

　　他不断地要求我"坐下来"，要"坐冷板凳"。

在我所交往的北大诸师中，季先生年事最高，故尤珍惜见面之情。

毕业前夕，我发表处女作《有一个美丽的地方》，从而步入文坛。季先生很是欣慰。

他提出要把我介绍给韩素音，参加什么"世界华人写作活动"。

韩素音来访问那年，我正在新疆流连，季先生就找不到我。

后来我知道了，说："算了吧，韩与江青那么近，我不去也罢。"

季先生一笑。对于我这么急地下结论，他并不劝说我，而是听由我选择。

他非常注意年轻人的反应，很宽容，能等待，看发展。

毕业后，有一次我回学校，正赶上聂华苓来北大，季先生叫我代表他去陪同。

我喜欢读聂的书。记得还看过一段文字：当年她被派给胡适献花，她不干，说："他是作家我也是作家，为什么要我去给他献花？"这个我理解。

我在校园陪了聂华苓半天，了解到台湾的一些文化状况。

聂华苓告诉我，有一回她在机场遇见琼瑶，琼瑶过来打招呼，对她讲："我知道我的作品不如你们，可是畅销，因此见到你很惭愧。"

聂说："没有什么，这在欧美很正常。畅销的不会是一流的作品。"

这与我心中的想法一致。本来我对琼瑶小说风靡大陆就不以为然。

在朗润园沿湖的一楼，季羡林拥有两套单元房。一套朴素无华的住房是"小乡镇的水平"。而居室的对面那个单元里，从厨房、水房到通道、住房，堆积着书，则属于"国家级图书馆的水平"。

他不许他的孩子们住进对面那个单元，怕引起家庭争执。

他说："这是学校给我做学问用的，不是给你们住的。"

他甚至也不让小保姆打扫。只有他和他的弟子们可以出入。

有一次，我进去取书，看见灰尘遍布。北京的灰土是很重的。我说："收拾一下吧。"先生摇头，笑曰："你不动它，它是不会起来的。"

这里面有一种哲学。先生尊重微尘。这看起来有些可笑，其实是一种内心涵养。今天的世界之病，正是人们太喜欢以自己为中心，丝毫不尊重环境的自然形态。

后来先生住院，李玉洁告诉我，检查出一百多种病，而先生却不医，说："由它去，人都有病，都会死。"

"顺从造化"，成为季羡林的选择。我想，这是他晚年的感悟，也是他想以自己的方式对东方文化做一种表达吧。

年复一年，总是此情此景：清清朗润园，先生午休后，相对一杯茶。如梧桐遇秋风语，似高手来数脉听心。

我常庆幸，浮浪今生，而与先生有忘年相通之乐；江湖遨游，竟得先生相知认可。

在北大读书时，我的唐突狂妄、一意孤行是出了名的。在厚爱我的几位老师处，每每得些温厚敦仁之劝诲。

可季先生的见地和胆识，却比我这后生小辈还要更进一尺，更上一层楼。

在个性之路上，我是越走越远，泼水难收了，而季先生很壮我的"孤胆"。我甚至窃思，如季先生生逢我辈时，可能我都轮不到"狂徒"的虚名了。

到后来看他的《清华园日记》，呵呵，先生当年也是一狂生。如今德高望重，内心依然狂野。所以，他待见我。

往往是我说前他知其后，免去多少口舌解释。

从我离校、旅美、上新疆，至为潮流所逼，到海南下海，以及写作、搞电视、开公司，十来年七颠八倒，用李玉洁的话，"听着都累"。

而季先生偏如跟随我其后，洞若观火，事事知动因，处处知我"非如此不可"。我之选择竟正如他之估计。我对先生从来不需要解释。他总是站在我的立场。

先生的过去，我只能从他的回忆录中读到。而眼前和我同处一个时代的先生，则让我亲身经历体会到一个真实的季羡林。

尽管以他的学术建构，他完全可以做一个象牙塔中的人。

在风暴面前，他没有关上书斋的门。他热血沸腾，具有赤子之心。

在风暴之后，他依旧敢作敢为，无论是开会还是记者发问，他从不改口。

"泰山崩于前而色不变"，"士可杀，不可辱"，他以这样高贵而罕见的品格，鼎立于北大校园。

当我和先生又在他简洁的书桌前相见，已若干年过去，恍若隔世。

他欣慰地说："你没有出国，这就对了。你还'下了海'，这就更对了。"

他评价我，虽遭厄难，不仅没有退后，反而又进了一步。

因为我一去无消息，季先生去美国时，闻有人名字与我相类，以为是我化名他乡，特请人去打听，却不是我。他一直在担心我投路何方。他这下放心了。

一九九三年，我从海南来看望先生，他要我随他走进对面那个单元房的书房里，取出刚刚出版的《留德十年》一书，赠我。

一九九三年，作者从海南岛回到母校，与季羡林久别重逢

上面名字已经题写好了。先生知道我要来，事先做了准备。

那时先生还没有"火爆"，门庭安静，随意谈多久都行。

那本《留德十年》的印刷质量不怎么样，纸质不佳，一打开就是错字。"春宵一刻值千金"居然变成"金宵一刻值千金"。

但先生依然郑重地送给了我。因为那里面有他质朴的心灵。

我与先生就这样彼此珍惜着质朴的交流，不在乎世俗包装。

季羡林青年时代尝尽离国之悲，他一生深刻地明白和坚信不能离开祖国。风暴陡起时，我没有去国，这令他无限欣慰，从此他对我倍加器重。

不能去国，这在学界前辈中有坚定的信念。季先生的先师陈寅恪先生就是这样，"虽九死其犹未悔"。

以做学术和科学的条件而论，国外是比国内强。国内不间断的"运动"使得科学中断，人文社会学更是重灾无获。但是很多学者依然选择这条"化作春泥更护花"的殉道之路。

现代人喜欢说"为真理受难"，可是真理一旦离开了相依存的祖国，还有多少真实的意义？

真理如果离开了土地，真理也就变成了"过去"。

用季羡林书中一句话，"山川信美非吾土"。

季羡林在书房里赠送作者《留德十年》书

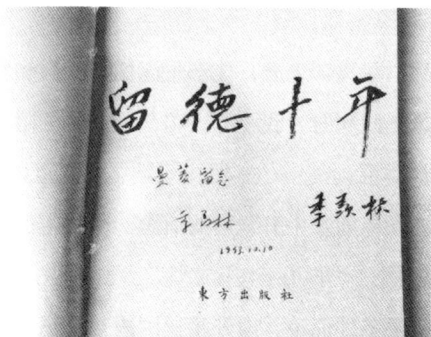

《留德十年》一书扉页

那种孤零于历史之途的苍凉辛酸，不曾走过来的人是很难体味的。

不能与祖国共命运，本身就是一种悲惨的命运。什么富贵荣华都不能弥补。

自从那次生死阔别，我与季羡林之间有了一种跨越沧桑的牵挂之情。看到先生如此孤直，我由衷钦佩。

以当代评论家著称于世的一位北大研究生，在研究生毕业分配的时候遇到过麻烦。

这时候朱德熙先生站了出来，他说："这是我们的学生，一个小孩，知道什么？是我们叫他去做的。"

他说的"我们"，就是指为活动签过名的那些个大名家、大教授。

本来，因为这次签名活动连累了朱先生们，正在不安着的这位研究生，却获得了老先生的庇佑，而不是责难。

他告诉我，朱先生去世的时候，他去敬献了自己的小花圈，心中有如丧考妣之痛。

他还说，相比之下，中年的教师们虽也义愤，至多只是面示同情和安慰。而那些身近枯木的老前辈，却挺身而出，抬起铁肩，展开双翼保护自己的学生。

虽然他仍然受到了种种非难，但朱先生此举，令他心底升起了一种力量，凭着这股道义的力量和悲伤的自豪感，他度过了这段艰难时光。

他对我感慨道："我们是'隔代亲'。那些老一辈的大师，对我们这一代的理解更贴近更相濡以沫。他们，更能给我们以力量。"

在北大，这些沐浴过"五四"风雨的师长受人景仰，他们对学生的影响，早已超出书本，超出校门，溢之海外。

怀念啊！那一批与我们"隔代亲"的导师，他们具有跨越时代的能量和勇气。在风范、学问、成就和人品上，他们足称民族精粹、中流砥柱。

在北大流传着这样的"段子"：

当你在校园里看见一个衣着破旧、步履蹒跚的老人，也许，他手里提着杂物袋从小卖部回来，也许，他正在去领工资的路上。

你要当心，切不可轻狂地傲视他。因为，你可能连给他提鞋的资格还不够呢！

然而，这些年来，我的体会不断加深。

那批当年是"中年"的老师，他们亦是各有风采与担当的。只是不如老一辈的分量重，所以当时"潜伏"。

而当季羡林这一代人步入凋零之季，我们的中年老师立刻挺身而出，接了上去。北大还没有"脱气"。例如当年金开诚老师也曾为我仗义执言。

孙玉石老师以谦和著称，有一天我到他家去，他对我说，把我的小说推荐给了他的同学吴泰昌，随后吴推荐给李小林。最终我的小说《云》发表于《收获》。这在大学生中罕见。

孙老师苦口婆心地对我说："你的小说写得好，以后专心创作吧。"

我知道他担心我喜欢掺和某些事情。我其实非常热爱写作。但有时也控制不了自己，不时地会"任性一把"。然而，要能够成事业，一定不能太受干扰了。

后来孙老师到昆明，我父亲宴请他们伉俪。父亲说："见到老师，可以一睹北大风采。"

不料孙老师却指着我说："北大精神，你就看她吧。"

没想到在孙老师心中，我竟然有这样的位置。

谢冕师，给了我毕业论文最高分，在我为难之时，为我指路海南岛。

严家炎师，一直关照着我的文章。

二〇一四年春天，我的《北大回忆》在北京三联书店出版。召开研讨会时，我所请的老师们都到了。就连远去山东的袁行霈老师也写来了贺信。

坐在那个会场上的，一大半就是这批当年被称为"中年"的老师。那天上午，我几乎没有听明白会上的发言是些什么，我只是含着泪在享受与这么多老师同坐的幸福。

我们这届人中，没有几个能够享受到这样的幸福。我感恩。

陪伴我们这一代走得最远的，是这些当年严谨质朴的"中年"一代老师。

他们真的不容易，这一辈子，几乎没有什么风光就要谢幕了。

"待遇"是几代人中最差的，"坚守"是最实在的，"责任"是最直接的。

他们保护了多少人，包括我，包括那些狂妄的"目中无师"的学子。

我要说一声：就在我们前面的这一代老师，也很"亲"。

在那天三联书店的研讨会上，钱理群师兄做了重要发言。他是带着讲稿来的，极其认真。后来这篇讲稿发表于《读书》期刊了。

理群兄说："北大不能没有季羡林、张曼菱。"

他说这话有真情，有深意。在季先生已经过世，社会上流言蜚语四起之时，而且先生还在最后的时光里与北大"生分"了。

而北大现在的学子，离我们八十年代的那代人，与我那样张扬的个性，也很遥远了。

这个差异，我次日在北大的演讲《压抑的胜利》中专门谈了。

有人说，我"骂北大"，该骂就要骂，只有北大人敢出来"骂北大"，骂北大现存的那些不良之风，正是北大精神。

理群兄那天的话里有自谦之词，但无形中，却把"中间的那一代"省略了。

北大有"五四"以来的一代先贤，和我们这批八十年代的风云学子。

承前启后，北大同样不能没有"中年"的那一代人，诸如袁行霈、严家炎、孙玉石、谢冕等先生。

北大也不能没有理群兄兀立于世的这一页。

北大就是一条文化的长河，流传中国。

到朗润园去的光阴，一九八九年我到海南岛之后，日益显现其珍贵性。

那里成了我在茫茫商海拼搏中的一个远方灯塔。

那里，也成为我开办公司十年之后，重新登上文化彼岸的一个港口。

有一次从海南回来，季羡林赠我的话是："有容乃大，无欲则刚。"

他说，对我这个人，现在特别用得上。

我当时激动地说："你怎么知道？我正是对许多东西、许多人见不惯，在那里难受呢！"

我以文人之脾气开公司，许多事就钻了牛角尖。

先生微笑道："你可以解脱出来了。"

先生如海，有千粟可取。他是一位皓首穷经的谦谦学者，耿介独行，却又能平等地看待各种人生的价值。

他"清"而不排他，"高"而见愈广。

他常使我有"万念有归"之乐。

我说："我现在可以与妓女同桌吃饭。"

先生说："妓女也是人。对于你这个作家，正要研究人，了解人。"

我说："若做皇帝，我喜欢微服私访；做男人，我喜欢阮籍柳永；做女人，我则爱昭君文姬。凡素质高而悟性强者，如果流落风尘，能大长见识，助其成才。但我想，我这样子是成不了正果的了。"

先生却说："这就是正果。"

我说："我希望的异性关系是互不干扰，不要破坏了我自己。"

他说："那是最理想的婚姻。"

季羡林从不以所谓"正统"自居。若有任何异想天开的问题与飞来神思，都可以与他探讨。我曾有许多稚嫩的感觉，在先生那里找到了厚重的支持。

有一次我去探访，见他闷闷不乐。原来他身边的一个学生要出国了。

季羡林对我说，很无奈，好不容易培养出一个苗子。

李玉洁从旁插话说，在今天这个社会里，研究先生这门学问，就跟苦行僧一样，谁也待不住。

季羡林的学问在印度等东南亚国家有很高的评价。而在国内，他的学问是"冷门"，不是"显学"，更不是"国学"。一般的非专业人士很难介入与评论。

那天，季羡林不愿意多说话，他在为他的学科后继无人而痛苦，也在为当今的人们无法安心"坐冷板凳"而惶恐。

一九九二年冬天，我到人民大会堂接受"首届庄重文文学奖"。当天，先生守候在电视机旁，看《新闻联播》。在获奖者中，我出现在最后一个镜头。

当时季先生说了一句"曼菱可以无碍了！"

在电话里，他对我说"实至名归"。

先生认为我回归文坛的日子已经到来。

从那以后，每次去朗润园，无论我把公司经营说得多么热闹，他总是语重心长地最后来一句"你一定要写东西"。

季羡林说得最多的话是"一个民族最需要的是创造文化和传播文化的人"。

他希望我做这样的人。

他不断地要求我"坐下来"，要"坐冷板凳"。

他曾说："曼菱要能坐下来，必成正果。"

一九九八年秋，我终于"回头是岸"，停办了公司，被云南省"人才引进"。

当我以"西南联大"纪录片制作人的身份重新回到他的桌前时，先生对我的态度更加持重，含有内心的喜悦。

我提出来要采访他。季先生先是拒绝，以为不合适。因为他本人不是西南联大的，抗战时期他正留学德国。

我说，我采访他，是因为这部片子需要谈谈陈寅恪，而国内能够谈的人不多了。他才答应了。

他给我讲了陈寅恪一家"三世爱国"的传统。

英法联军火烧圆明园时，陈寅恪祖父陈宝箴正在酒楼上，有人请客吃饭。看见火光冲天而起，他当时就泪流满面。那时他因"新政"被慈禧罢官。

七七事变时，陈寅恪父亲陈三立——当时诗坛领袖，号散原——被陈寅恪接到北京，住在姚家胡同颐养天年。

老人正在病中，立即绝食绝药，谁劝也不听，就这样以死殉国了。

丧事未办，日本宪兵司令送请柬给陈寅恪，企图用他来笼络北京学界。

陈先生连夜出走，从此南下。

季羡林说："爱国，也是遗传。他们是唯一的三代人进入《辞海》的世家。"

先生给我讲述这段故事后，我率摄制组造访姚家胡同。

正是八月盛夏，蝉鸣彻树。

我肃立此地，悼念三立老人。

我决定，将"散原绝食"作为《西南联大启示录》第一集"南迁"的第一个镜头，这带给观众极大的震撼。

陈三立之死，是在日寇入侵，家国不保时，中国知识分子的一篇宣言。

我由此想到，自司马迁以来就以"世家"来命名的那些重要家族，他们对中国历史的影响是不可泯灭与取代的。当代将家族的传统几乎取缔，其实这才成了真正的"一盘散沙"。

陈寅恪出身的这个世家，与清朝有很深的渊源，他本人因此有着浓重的"末世"情结。在七七事变之后，他一直非常悲观。随清华南迁到云南蒙自时，他曾有诗"北归端恐待来生"。这不奇怪，当时很多文化人都悲观。

关于文化与气节，我以为，陈寅恪并没有狭隘地寄托于一个清朝。相反，正是他为王国维的死做了广义的解释："独立之精神，自由之思想"使得这位国学大师得以昭明心迹，也为后人彰显了一个标杆。

后人之所以关注陈寅恪，还由于他在国共分道扬镳，国民党去台之后，他的"两难"处境与自我把持。尤其是他对于昔日学生奉命来请上京任高职时所写回信，明确表示他将坚持自我的立场，不愿意接受某一种理念的掌控。

此种定力，今世绝无。所以，陈寅恪日渐显出尊贵。

他表达的是一种纯粹的文化立场，不愿意与其他立场混淆。其实陆机在《文赋》中就提出，为文者应该在六面墙壁之间选择"中立"的位置，这样才可能完成文化对于这个世界的观察与描述。

近年，我读到罗兰·巴特的书《中性》。他主张在叙述与思考中尽量选择"中性"的用语，不要随便给人与事物，哪怕是一个细节，下某种判断，涂抹某种爱恶的色彩。

这些深刻的思想，并不是为某种世俗的意图所用的，也不是针对任何政权与格局，而是一位哲人、思想家、文化大家，对于文化这个巨大形态的思考。

由此看来，当下中国能够与世界最新哲学思想相通的，还是陈寅恪先生。所以，对陈先生留下的遗产，是怎么高度评价也不过分的。

季羡林执着于记忆中的每一桩珍贵往事。坚守这些故事与回忆，是他的信念。

当年，陈寅恪冬无取暖费，欲卖藏书，但流失在外很可惜。季羡林去见北大校长胡适，报告此事。

胡适说："陈先生的问题一定要解决。陈先生需要多少钱？"

季羡林说："两千大洋够了。"

胡适便叫季羡林乘他的专车去陈家，将那些藏书拉到北大图书馆。陈先生做学问照样可以取用。这年过冬，陈先生也就有了取暖的钱。

在《回忆陈寅恪先生》一文中，他说了几句埋藏在心里的话：

"一旦批到了陈寅恪先生头上，我心里却感到不是味，虽然经人再三动员，我却始终没有参加到这一场闹剧式的大合唱中去。在四十年之后，想到我没有出卖我的良心，差堪自慰，能够对得起老师在天之灵了。"

他还对我谈过，他最佩服鲁迅的一点是：从不批评年轻人。还有一个懂得爱惜青年的人，是胡适。

北大郝斌曾跟我讲过他陪季先生去台湾的事。

他说，当时邀请一来，季先生马上就答应了。这说明他心里有事，想去。

到了台湾，季先生就提出要去拜谒胡适墓。

那天，郝斌跟在他后头。季先生上前就恭敬地朝着胡先生的墓地三鞠躬，然后回头对跟在后面的郝斌说："鞠躬！"语气很严厉，容不得半点商量。这在季先生是很少有的。郝斌于是也鞠躬。

后来郝斌跟我说："他不叫，我也是要鞠躬的。因为他在我前头，我想着得等他行礼退下，我再上前行礼。不料季老那么性急。他怕我不行礼。"

季先生对胡适那种迫切至诚的心情，可见其中。一向谦和的他，居然用严厉的目光盯着人家，这是他情不自禁。

回来之后，季先生写了"站在胡适之先生墓前"的文字。

这埋藏在他心中已久的感情终于宣泄。

季羡林是一个有心灵底线的人。大陆多少年来对胡适的谩骂，他只能沉默不语。但该守望的东西，他没有丢掉。

他此刻站在恩师的墓地前，终于可以无愧面对了。

从季羡林那儿，可以走进一条长河。他的历史，是与中国文化的命运史紧紧相连的，他心中的灯台始终没有熄灭过。

季先生在文中说，世界各国的语言中，只有中国是将"师"与"恩"连在一起的。我父亲曾用红笔勾起他的这一段话，专门指给我看。

我以为，正是这种在伟大的中华文化传统面前永为"弟子"的虔敬之心，使季羡林能够在走出"牛棚"后，省视自我，荡涤胸襟，复归本色，获得人格与学术的丰满。丰厚的华夏文化底蕴，使季羡林不迷失于五色，其所言，掷地有声，可做警钟长鸣。

青年时代，季羡林是著名的清华"三剑客"之一。到晚年，他的"剑"没有收回鞘，经历磨砺，愈加铮铮。这是一个烈士的暮年，这是一位仍可以去为正义受辱，特立独行，拒不出违心之言的历史见证人。

一个人存在于另一个人的心目中，在人际、浮名及"私交"之外，须要有一个仗剑独立的形象；须要有可以昭示的警醒，回味如兰的情怀，以及那山水一般，不会厌倦的魅力。

多少年来，每赴北京，我总有一种急急奔赴先生处所的欲望。这是一种来自母校脉搏的跳动。

季先生给我写过很多字。

我告诉他，我都没有拿出来用过。

他一笑，道："你有实力，你不必靠这个。"

他给我题写过一幅电视片名"云南古梦"。我曾经想拍摄一部反映云南远古历史的文化片。季先生十分赞赏我的构思。

他是不要我题"弟子"的，他给我的留字总是称我为"小友"。

在父亲逝世后，我向他诉说而泪下。先生静默倾听，我油然而生安慰之感。

后来李玉洁给我打电话，先生问，需要他为我父亲写什么字。我就把自己祭奠父亲的挽联告诉他："无名有品，无位有尊。"先生觉得很好，写下来了。

《中国布衣》出版后，我送书去，封面上有先生题词。

"云南古梦"字幅，季羡林闻作者回到家乡云南，为作者的项目题词

曼羡

无名有品

无位有尊

季羡林题

题词"无名有品，无位有尊"，
二〇〇一年，季羡林为作者父亲所写的
悼词

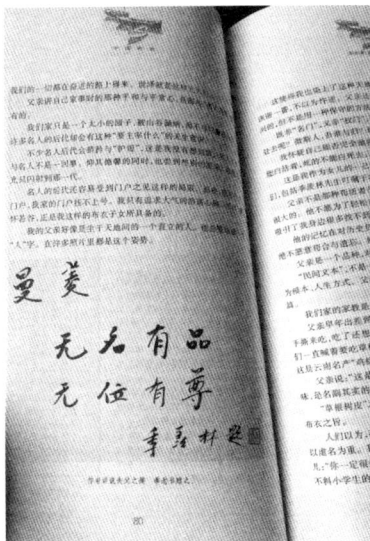

作者将季羡林所写悼词用于所著的《中
国布衣》一书

先生说："我的字不好，你父亲是书法家。"

是时，正值午餐时间，在先生处喝粥，他说："我就这样了，九十三了。"竖起指头。

他告诉我："已经三进宫了。"

我知道他入院三次，每次都不耐烦。李玉洁在电话里告诉我了。

转眼二十来年，我与季先生的联系从没有中断过。他几乎都知道我在哪里，在干什么，在经历着什么。他会惦念着。

他住进三〇一医院，仍然会问起我："她现在在做什么？"

李玉洁答道："反正她两只手不会闲着。"

知道我要出文集，他很快题词寄给我。我没有收到。于是，他写了第二遍，再次寄出。

他以风烛残年，辗转病榻之躯，两方为我握笔、加印，就是在提醒我，要"坐冷板凳"。

他为我写过一幅"妙笔生花"，然而后来没有到我的手里。但已经到我的心里了。我一定要让我的笔，开出时代之花。先生您看着吧。

他走后，有人受他的委托，给我送来一幅"天高秋月明"。

来人说，这是先生在孤寂与尘海中对我的思念，他觉得我遥远而透明。

这幅"秋月"，我已悬于卧室，以慰他那天上之灵。

作者与季羡林于未名湖后湖合影

二○○○年七月，作者率《西南联大启示录》
摄制组到朗润园采访季羡林

二〇〇一年，我在昆明家中，见报载，季先生将他的藏书及文物尽赠予北大图书馆。

细思，我心中不能平静，遂打电话过去问候。

我说："书都捐了，季老每天干什么呀？他不会养花玩鸟，又不串门逛街。"

李玉洁告诉我，季老因担心后事混乱，尤怕珍贵的书籍文物流失国外，故先办理捐赠。

东西登记入册，并公证之后，季羡林长舒一口气，说："这屋子里的一张纸，都是北大的了。"

李玉洁还说："你给先生的那个白玉观音，他的孙子回来看到非常喜欢。人家是从美国来的。可是季老就是不给。现在也登记在册了。"

以后先生用书，就打"借条"去借自己的书，常用的资料还留在屋里，每天仍是看与写，继续"煎心日日复年年"。

她还告诉我，先生的那个书桌上的头像，以后就送给她了。

没想到，"智者千虑，必有一失"。

季羡林捐赠文物，没有经过析产，后来又发生各种变故。

今年酿成季羡林之子季承"诉北大"一案。

财产归属，是一桩世俗案子。

愿先生在天之灵清静，不再受烦扰。

三

疾呼"研究'文革'史"
与"控诉"的权利

季羡林在《牛棚杂忆》中写道：

"参加大会，喊'万岁'之类的口号，最初我张不开嘴。"

"在我现在'飞黄腾达'到处听到的都是赞誉溢美之词之余，我心里还偶尔闪过一个念头：我当时应该自杀；没有自杀，说明我的人格不过硬，我现在是忍辱负重，苟且偷生。"

"写什么东西，自己首先要相信。自己不相信而写出来要读者相信，不是缺德又是什么呢？"

百年校庆，作者回到北大

一九九八年，北大百年校庆，季羡林在百
年讲坛演讲，作者向他敬献从云南带来的
黄玫瑰

季羡林的声望达到极顶，应是始于北大百年校庆。

一九九八年五月四日，我从昆明飞抵北京，直奔北大。

一进校门，迎面摆开的纪念品摊上，几无例外，俱是季羡林的题词和签名。

虽然我惊喜、意外，却也暗自思量：既为百年校庆，北大百年之名师，多如繁星，如此大典上，诸般物件上只署一人，是否妥当？

别人又会怎么看先生？

这对北大的历史也不公正。站不住脚，必伏下隐患。

跑到朗润园，正想敲门进屋，却见李玉洁出来，告之"先生是推掉一家海外电视台，才赢出时间见你的。你不要久坐，下面还有某家报纸"，云云。

久盼的兴致勃勃的叙晤，顿时强加上一点"朝圣"的味道。

从此，我要见到季先生，不再是随意的事情，有压力了。

每经过秘书的许可和限制时，仿佛有点"被赏面子"似的。

进屋，我见书桌上已经放着一本书《牛棚杂忆》，里面是题写好的我的名字。

见到先生，诚待依然。

想我来去一瞬，遥遥万里，也无须去计较秘书那"自设门槛"之举了。

不过学界里其他人，不见得都愿意忍受。

百年校庆时在朗润园季羡林家客厅合影

《牛棚杂忆》封面

《牛棚杂忆》，北大
百年校庆时，季羡林
所赠予

果然，之后阿谀奉承者趋之若鹜，先生的生态环境大变，缘由也是在这"把门"的身上吧。

那天，季羡林在一本笔记本上为我题字，曰："天行健，君子当自强不息。与曼菱共勉。"

看着耄耋之年的先生，感觉他有一种重新"打起精神头"的抉择。

在北大百年校庆的舞台上，季羡林推出他的重要著作《牛棚杂忆》。

这个稿子其实是写于十年前的。《留德十年》出版时，他在书中提到了这部写"文革"的草稿："后者我也在同一年，一九八八年，写成了一部草稿《牛棚杂忆》……这部草稿什么时候转成清稿，我还不敢说。也许很快，也许永远只是草稿，也很难说。"

季羡林知道，回忆和研究"文革"所面临的社会难度。他做好了漫长的甚至生前无出版可能的准备。但即使"永远只是草稿"，他也将它写了出来。所以这本书是先生的深心本意，与后来的大红大紫无关。

在国内对"文革"回忆几乎是"停止出版"的形势下，季羡林利用他的名人优势，和北大百年校庆的劲风，呐喊与疾呼："建立'文革'史，研究'文革'。"

在别人不能出关于"文革"的书时，季羡林的《牛棚杂忆》被轰动地推出。

古人云"居高声自远，非是藉秋风"。季羡林此举可谓谋划已久。他是有意为之，有志为之。社会给了他优势，他就势做了这件平时难以做到的事情。

书中讲道："现在国外人在研究'文革'，而中国无。"他打破禁锢，有明确的意识。

就是这样一部血泪之作，还被人窃取稿费。一共是二十万元，那个代领的人却只给了季先生两万，后来是偶然发现的。

季先生并没有追究此事。退回钱即罢。

可叹先生之高古，"群小"之鄙陋。季羡林孤立于世的处境，由此可见一斑。

在文字上，季羡林具有一种惊人的还原能力。在他诚实的性格里蕴藏着力量与才华，可称之为"无华的才华"，不是一般人可以达到的境界。

《牛棚杂忆》一书，有血泪史，有忏悔录。

他回溯了自己迈入新社会之后那段幼稚的思想历程："我觉得天特别蓝，草特别绿，花特别红，山特别青。全中国仿佛开遍了美丽的玫瑰花，中华民族前途光芒万丈，我自己仿佛又年轻了十岁，简直变成了一个大孩子。开会时，游行时，喊口号，呼'万岁'，我的激情不下于任何人。"

曾经是"参加大会，喊'万岁'之类的口号，最初我张不开嘴"。

季羡林和广大的知识分子是如何抛弃他们内心的"障碍"，投入到这呼喊"万岁"的行列中来的呢？这是须要研究和引以为戒的。

这些思想的痛苦历程，与二〇一四年去世的北大教授汤一介先生之言，恰成呼应。

汤一介先生曾这样写道：

> 三十多年来，中国知识分子在各种政治运动中始终是被批判的对象，绝大多数人都失去了判断是非的能力，而以领袖的是非为是非。……我是研究中国哲学史的，在中国历史上绝大多数"士人"都是依附于皇帝的，这个传统一直延续到像我这样的现代知识分子身上。……但中国历史上也还有极少数有骨气的士大夫对抗皇权，对抗世俗流行的观念。孟子可以说"以德抗位"，陶渊明可以"不为五斗米折腰"，李贽可以"不以孔子之是非为是非"，而我把这些中国知识分子可贵的美德全都丢掉了。对这些，想起来十分惭愧，愧对那些古人，我很悲哀，但这也教训了我。一九七八年以后，我渐渐地有了一些觉悟，到八十年代可以说较为彻底觉悟了，一切应根据自己的"良知"，不再说违心的话，不管是谁说的，我都得用自己的头脑来问一问，是否合理？是否有道理？我

再不崇拜任何政治领袖人物，找回"自我"，不再向非真理、反真理的那些带有欺骗性的言行妥协。"文化大革命"对中华民族是一场灾难，像是一场噩梦，它有几千年深厚的专制主义传统根基。……作为一个普通人的我，"文化大革命"的教训对我终生难忘，它对我是一面镜子，我必须从中来时时反省自己。

他们都发现自己走了一条曲折的路，曾经轻信与迷信过。关于知识分子在新中国成立之后的妥协，以及丢失自我，我以为，他们不必过多地自责，这是理想主义的必然结果。

顾准指出，世界史上任何一个渲染美好天堂的主义与理想，都可能导致最残酷的手段和最荒谬的历程。因为人们相信，要他们牺牲自我的利益和个性，是为了一个宏大的惠及天下人的目标。

这正是季羡林、汤一介等知识分子会追随其后的重要原因。

这也是那些"境外人士"常常不能理解国内学界的原因。今天，尤其是针对"文革"这一话题，顾准的研究成果应该更多地被人们注意到。

在《牛棚杂忆》中，可以读到满含热泪与痛楚的呐喊和不屈服：

中国知识分子是一种很奇怪的群体，是造化小儿加心加意制造出来的一种"稀有动物"。

......

这一批人一无所有，最值钱的仅存的"财产"就是他们这一身瘦骨头。这是他们人生中最后的一点"赌注"，轻易是不能押上的，押上一输，他们也就"涅槃"了。然而他们却偏偏喜欢拼命，喜欢拼这一身瘦老骨头。他们称这个为"骨气"。

季羡林为自己在"文革"浩劫中的屈辱生活而愧疚：

我一方面"庆幸"我参加了"文化大革命"，被关进了牛棚，得以得到了极为难得的经验。但在另一方面，在我现在"飞黄腾达"到处听到的都是赞誉溢美之词之余，我心里还偶尔闪过一个念头：我当时应该自杀；没有自杀，说明我的人格不过硬，我现在是忍辱负重，苟且偷生。

"文革"是觉醒，为季羡林的灵魂蕴藏了"于无声处听惊雷"的罕有力量。

《牛棚杂忆》，论视野和深度，不及巴金的《随想录》和韦君宜的《思痛录》。然而，季羡林对人性的看透，对自己的看透，却力透纸背，令我尊敬。

其中一个细节，他写自己在被工宣队监视，连上厕所都被跟着。他竟然为发现地上的一枚硬币没机会去拾而沮丧。"知耻近乎勇"，还没有人在反思"文革"的时候，对自己的剖析达到季羡林这样真挚与痛心的程度。

他完全可以只写如何在看大门的时候偷偷地进行翻译巨著的工作，给自己留下一个知识分子的"面子"。可是他不放过精神史上这最丢人的一笔。

这令我想起鲁迅的《一件小事》。

季羡林把"文革"的源头直接追溯到了中国人的国民性，衔接上了鲁迅，这是比政治更加深刻的原因。

所以他把"文革"称为"人类悲剧"。

他继承了鲁迅那种自我剖析精神，通过对自己萎靡精神状态的暴露，指出国民性的贫弱是由于体制的剥夺。

而疾呼"研究'文革'史"，这使季羡林与巴金、韦君宜殊途同归，成为中华民族觉醒之良知代表。

季羡林有这样一段话，并不引人注目：

> 我在上面写了我对中国历史上知识分子的看法。本文的主要目的就是写历史，连鉴往知今一类的想法我都没有。倘若有人要问"现在怎样呢？"因为现在还没有变成历史，不在我写作范围之内，所以我不答复，如果有人愿意去推论，那是他们的事，与我无干。

它的妙处却是又闪现了季羡林那"无华之才华"，耐人寻味，其中有防范的因素，更有史家的笔法。

先生在谈到"史德"的时候，说：

写什么东西，自己首先要相信。自己不相信而写出来要读者相信，不是缺德又是什么呢？自己不懂而写出来要读者懂，不是缺德又是什么呢？我这些话决非无中生有，无的放矢，我都有事实根据。我以垂暮之年，写了出来，愿与青年学者们共勉之。

我带回家的《牛棚杂忆》，立即被父母亲轮流争读。

母亲喜欢季先生清淡的文字，如同朋友面谈。同为大学校园知识分子，她回味着"浩劫时代"自己感同身受的遭遇。

父亲则道，此为有胆识之文字，应该收藏。于是放在他所藏为数不多的案头。

季羡林在此书中《余思或反思》一节里提出四个问题，也是父亲时常会提的：

首先是：吸取了教训没有？我们付出的学费已经大到不能再大的程度，我们求得的知识，得到的经验或教训在哪里呢？……

我思考的其次一个问题是："文化大革命"过去了没有？……

这就联系到我思考的第三个问题：受害者舒愤懑了没有？

这个问题十分容易回答，根据我上面的叙述，回答只有两个字：没有。

我思考的最后一个问题是："无产阶级文化大革命"为什么能发生？

老一辈知识分子对"文革"做出了反省。这是他们将闭眼时念念不忘的大事。国家要前进，也如同个人一样，总结反思是不可回避的。

《聂元梓回忆录》在香港出版后，网上传出几则信息，与任老、季老有关，抄录如下：

一九九八年冬，飘着小雪，时任国家图书馆馆长任继愈老先生拄着拐去看望聂元梓。同年季羡林出版《牛棚杂忆》，该书受到中央首长、著名学者、社会精英的热捧。全书多处痛斥聂老佛爷。这位聂爷见任老来了，便把对此书的意见一股脑向任老倾诉。任老心平气和地鼓励她顽强地活下去，抓紧时间写东西，因为感觉到聂当时的处境，写书困难重重，便对她说："你写东西时不用润色，别想太多，先写出事实来就好，得抓紧时间了。"

在以后十几年里，任老经常关心聂老，多方面资助，每到新年还给她寄贺片，关心她的身体健康，鼓励她写东西。任老的鼓励增强了聂写回忆录的决心。《聂元梓回忆录》刚刚出版，任老看完以后，让她一定要送国家图书馆，并强调尽快送去，至少一本。

我认为，这里面包含的信息量很大，观念非常混乱，有点"文革"式的煽情意味。要细细厘清，再做切实评论。

这里要先弄清一个是与非，季羡林以一个北大教授的经历控诉"文革"，他有功无过，不能将聂后来遭遇的不公待遇算到他这本书的头上。

季先生不会说假话空话，没有经历过的事情，他不会写。

《牛棚杂忆》这本书的价值，在于它细节的真实、心理的真实。

关于他自己和家庭所遭遇的那些被迫害的事实，记忆正是丝丝入扣：

> "喊你为什么不出来？你耳朵聋了吗？"

> 我知道事情有点不妙。还没有等我再想下去，我脸上、头上蓦地一热，一阵用胶皮裹着的自行车链条作武器打下来的暴风骤雨，铺天盖地地落到我的身上，不是下半身，而是最关要害的头部。我脑袋里嗡嗡地作响，眼前直冒金星。但是，我不敢躲闪，笔直地站在那里。最初还有痛的感觉，后来逐渐麻木起来，只觉得头皮上、眼睛上、鼻子上、耳朵上，一阵阵火辣辣的滋味，不是痛，而是比痛更难忍受的感觉。我好像要失掉知觉，我好像要倒在地上。但是，我本能地坚持下来。眼前鞭影乱闪，叱骂声——如果有的话——也根本听不到了。我处在一片迷茫、混沌之中。我不知道，他究竟打了多久。据后来住在拐角上那间牢房的"棚友"告诉我，打

的时间相当长。他们都觉得十分可怕，大有谈虎色变的样子。我自己则几乎变成了一块木头，一块石头，成为没有知觉的东西，反而没有感到像旁观者感到的那样可怕了。……

脸上、鼻子里，嘴里，耳朵上都流着血。……

我躺在木板上，辗转反侧，浑身难受。流血的地方黏糊糊的，只好让它流。痛的地方，也只好让它去痛。……

第二天早上，照样派活，照样要背语录。

一个挨打的教授回忆"文革"，必然是"坐井观天"式的个人际遇。因为他们在那时已经完全被落井下石，简直就是被赶出了这个社会。

要求季羡林了解"文革"的格局与北大当年内幕，厘清那些派系斗争，还要明白聂元梓所受到的什么委屈，这未免太荒唐了吧？

季羡林已经是一只"井底之蛙"，只知道眼前的校园和牛棚。他只知道自己被抄家、批斗，被带走、挨打，躺在地上曾经想"自尽"，最后决定活着。

这正是全中国最大多数人民、最大多数知识分子所经历之"文革"。这是亿万人的回忆和故事，正是"文革"最真实和不可回避的残酷内容和本质。

千千万万的受害者，没有必要顾及什么内幕和全局，他们有权利为自己的人生受到侵害而控诉。

那些有关"夺权"的内幕，凭什么要老百姓，要一般知识分子付出人生的代价？

一个"文革"受害者，不懂得当时那些当权者的内幕，他就不能控诉吗？

他直接讲那些施加于他人身的迫害，不行吗？

如果说这样不行，那真是一个可怕的法西斯的逻辑。

按照这个逻辑，那些不知道上层内幕和全局的没有"知情权"的受害者就没有控诉的权利了吗？

那么，从奥斯维辛集中营里的犹太人，到东北被日本人做细菌试验的中国人，从慰安妇到现在世界上那些受到核污染的无辜人民，他们都不知道自己被迫害的所谓"上层内幕"，难道就都没有权利控诉那些犯下滔天罪恶的罪犯了吗？

季羡林作为一个牛棚里的囚犯，他不知道北大造反派的那些关系，以及中央文革小组与北大之间的钩心斗角，他就没有申诉权吗？

聂元梓有苦衷，江青也有苦衷，戚本禹也有委屈。可是比起人民，比起在"文革"中家破人亡的近亿人民，他们都是施害者。

大大小小的施害者与被害者的位置，不能这样颠倒过来。

鲁迅就说过"我一个都不宽恕"。季羡林倒没有这样表态，他只是在书里多次说到"道歉"。他认为，唯有道歉可以平息至今未能平息的被迫害者的愤怒。

所谓忏悔，不就是基于这最根本的对被伤害者的道歉吗？

我不认为，现在的聂元梓可以有权利来哭诉那些在"文革"中被折磨得死去活来的人。中国社会今日出现这些对"文革"如此没有分量的讨论，本身就是悲哀的。这是无视被泯灭和伤残的巨大数量的人。

所以，至今，某些在"文革"中作恶的"名流"，依然可以不受到谴责和追究，继续拒绝忏悔。这也是今天"文革"在后代人心目中分量越来越轻的直接原因。

聂元梓后来所受不公待遇，例如"从前的资历"都不被承认，这与季羡林控诉"文革"何干？季羡林的书出版，有那么多人"热捧"，也不是针对聂元梓一个人的。难道"文革"是聂一个人发动的吗？

季是一介草民，只知道是"老佛爷"聂元梓手下的人来收拾他，哪里知道究竟与聂有多少干系呢？他是惹怒了"老佛爷"，来的人也的确是那一派的。被抄家、被打、被斗也是事实。

蒯大富回清华时，倒表态：当年"井冈山"的危害行为都由他负责。

聂元梓并没有向季羡林道歉和说明某些事情的由来。

任继愈先生具有那种"铁肩担道义"的人品，这是另一回事情。

曾经我的《西南联大启示录》被"封杀"。任先生拄着拐，在一个严寒的早晨来支持我。任老的眼睛因为在"文革"中患病得不到医治，有一只失明。

我所认识的一位女编辑，前些年曾因"练功"而坐牢。刚出来，任先生就请她参加对自己选集的编辑工作。她对着先生痛哭了一番。

"大庇天下寒士俱欢颜"，这样的境界属于任继愈。

然而用任先生的行为来指责季羡林，我以为甚无道理。

聂也有控诉"文革"的权利。她这类人的角色是两面的，一面是有罪的，一面也是受害的。

对于"研究'文革'史"这件中华民族非做不可的事情，季羡林的《牛棚杂忆》与《聂元梓回忆录》都是第一手资料，是留给后人的交代，客观上表述了他们对这个民族负责任的情怀。

前些年，蒯大富曾来昆明，约我会于茶室。我对他的个人遭遇表示同情，并希望他珍惜光阴，写出自己所经历的"文革"真相。

这也等于是向万千的受害者道歉了。

后来他在香港出版了回忆录，送我。时值三联书店总编李昕发表回忆父亲的文字——李昕的父亲在清华大学长期受迫害。蒯得知后，打电话向李昕道歉，签名赠送自己回忆清华"文革"的书。其实蒯与李父并无直接的交集。

这样的态度，是可以使人们息怒的。

人与人之间要达成和解，最有效的方式莫过于直面历史了。

人民之间，知识分子之间，政党与人民，历史与今天，如何达到历史的和解？大家都来厘清，自然就清了。

这几天传来宗璞先生的信息。她曾经与钱锺书的夫人杨绛在"文革"中有些意见，后来和解了，还时常通电话。

宗璞说，现在最重要的是大家来批判"文革"。

假如能如季先生所期盼的，社会名流们都来写"文革"，回忆和控诉"文革"；再如任先生所勉励的，那些当年被操纵来迫害人的人也来回顾"文革"，何愁这段历史会被淹没呢？

季羡林、任继愈二位先生是"如出一辙"啊。

四

米寿："你们说的那个人不是我。"

季羡林说："我刚才坐在这里，很不自在。我的耳朵在发烧，脸发红，心在跳。我听见大家说的话，你们不是在说我，你们说的是另外一个人。"

有人不让他"做自己"，要他做"另外一个人"。

他在抗御，可惜这抗御的声音没法传递出去，终于越来越弱。

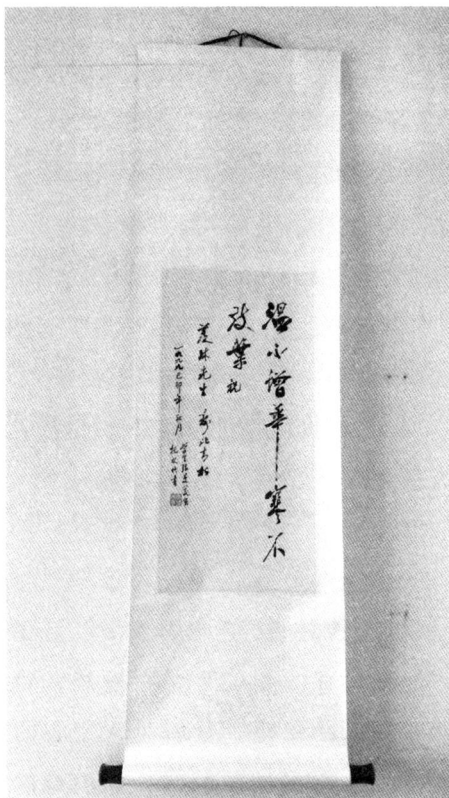

"温不增华"，季羡林米寿庆典，作者父亲代写的贺寿字幛被季羡林精心装裱，临终前嘱咐送回作者手中

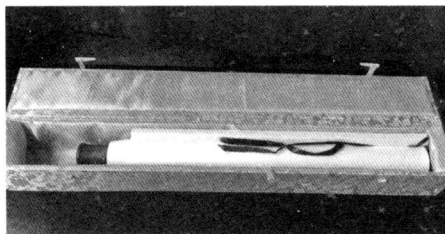

季羡林收藏作者父亲字画的锦盒

一九九九年秋，我在昆明，忽然接到李玉洁的电话。

她说："今年是先生米寿，'得米望茶'。今年也是季老的文集出版之年。出版社要给先生做寿。你是他最牵挂的人，必须要赶到。"

李是最贴近先生的人，她时常能解出先生的意思。

"米寿"，取拆字之意，即"八十八"岁，高寿。得米望茶，下面"茶寿"，也是拆一个"茶"字得出的数字。这两个字，除了好拆，更有好意。米和茶，都是中国人的食与饮，是厚道敦实的天赐之物。多么祥和，毫无夸张。

此时我已经被云南省"人才引进"了。正好，我有大事，要到北大求助。

我就请父亲为我题写一幅贺帖。父亲一向戏谑"秀才人情一张纸"。到出发的前一天，我到父母家来取字，却见茶几上放着一张写好的毛边宣纸。

父亲让我坐下，郑重说道："你要我写的字，我写好了。我没有裱。因为我想过了，季先生的寿辰，一定是名家高人满堂。我的字，不合适拿去挂在那里。当然，你与他又是另一层关系了。你自己去考虑吧。"

没料到父亲又犯了"迂"脾气。

我只得怅怅，收起这张毛边纸，放进一个牛皮纸信封，没有时间了，就这样带到北京，拿到季羡林家里，当面呈上，将如此草率的原因告知。

先生听了我父亲的原话后，沉默了一会儿，点头道："不易。"

他接过宣纸，打开来看："温不增华，寒不改叶。羡林先生寿比青松。一九九九己卯年秋月，学生张曼菱贺，托父代书。"

继而他用手抚摸着，喃喃道："我自己裱。"

那次我见季先生有重要的事情请教，就是——我能不能做西南联大纪录片这件事。

当时云南只有一个"一二·一"纪念馆，没有人提起抗战时期曾经赫然存在的"国立西南联合大学"。在父亲的教育影响下，我心中早存有此事，于是决心抢救其历史资源，从采访那些尚存的老校友做起。

在朗润园的书桌前，季羡林凝视我片刻，即说："你行。你是北大学子，又是云南人，你做很合适。"

这话里，表面上是"门户之见"，内中含有博大的阅历与睿智。

果不其然，在我此后的漫漫路程中，一直受到来自这两个方面的鼎力支撑。

我常想，若我只是"写小说"，不一定要"上北大"，还有许多学校可以上。而要做"西南联大"这件事，却是一定要"上过北大"的。

因为我要寻访"活人"，获得"口述历史"。而在地球的任何一处，寻访到的西南联大学人，他们都会称我为"学弟"。我们如家人相见，久别重逢。其中我所获的待遇与信任度、成功率和幸福感是无穷无尽的。

以一个云南人和北大学子的身份，寻觅母校的前身，这是一个温馨的过程。季羡林对我的认可，点化出这一瓶百年陈酒的香醇。

听他这样说的时候，顿感一种来自历史与家园的力量充盈了我的全身。

贺寿庆典即日，我赶到勺园三号楼上，小会议厅已经人集如云，场面隆重。

没想到，在会议厅的门口有人把守，凭请柬进入。迎面遇到校领导郝斌，我说："我没请柬。"

他说："这还能拦得住你？"说着自己进去了。

我对把门的说："我是季羡林特邀的客人，请柬在季先生那里，不信你们跟我去问。"

我带着他们直闯主桌，季先生一见我，立刻惊喜地站了起来。

郝斌上来，带我去见了两位老领导，张学书、王学珍，告知他们，我为"西南联大"一事而来。他们非常高兴。

张、王是我在校时期的领导，对我的调皮和"闹事"印象颇深。此时他们仿佛看到"孩子回家"一样，都认为我可以胜任这个事。

他们说："你不是已经拍过一部电影了吗？"

他们指的是《青春祭》。他们记得学生的光荣与成就。

在那个"米寿"的盛宴上，郝斌引领我见到另一位北大前副校长沈克琦先生，他当时是西南联大北京校友会的副会长。沈先生后来成为我拍摄西南联大纪录片最重要的支持者——"史料顾问"。

要干成一件大事，一定要有许多因缘的汇聚。季羡林的"米寿"之宴成全了我这个远来之客，一下子全搞掂了。

我安心了，坐下来，听人家发言。

操办者是出版社，给先生出完《季羡林文集》二十四卷，教后辈人知道"著作等身"的含义。

季先生私下曾对我说"出齐了"，而不说"出全了"。一套文集，他非得自选，不满意的，他自己丢了许多。

我一直琢磨他这个"出齐了"，就是他认为有价值的那些成果，都涵盖了。"齐"与"全"，原来不是一回事。后来，我也参照先生的思路，过滤自己的作品。不要"大全"，但"干货"都要在。这种思考直接渗入我的写作。

所谓触类旁通，先生的这种学术精神、学术品格，是可以超出门类的。

那天参与的人，有文坛学界的高层人士，有学生与记者。四壁的名人条幅，都在赞先生，说他有着为天下所称道的德才。祝寿者热情洋溢。有一位将先生喻为"未名湖畔的一盏明灯"，更有位女记者激动地说先生在她的心中是"红太阳"。

寿堂真是名人风光，记得启功、范曾等都有字画为贺，琳琅满目。

我暗自佩服父亲，的确，不能把我们这样普通人家的字幅拿到这里来悬挂。

父亲的"迂"，得到季羡林的理解。而季羡林在盛宴上的一番致辞，更"迂"得出格。

当司仪报告"有请寿星老儿——尊敬的季羡林先生讲话"时，全场掌声雷动。

季羡林的神态却有些不自然，甚至僵硬，一点也不融入这个喜庆场合。

他说："我刚才坐在这里，很不自在。我的耳朵在发烧，脸发红，心在跳。我听见大家说的话，你们不是在说我，你们说的是另外一个人。我不是那样的，当然，我在争取做成那样的。我只是一个研究东方文化的人，各方面常识很浅陋。文笔不如作家，学问也不是很深厚。我只是尽我所能而已。"

寿星说出这番"不凑趣"的话，众人一时无言。无人能令此老自失，宠辱不惊也。

这是具有季羡林特色的话，婉转推辞了别人的盛情，表达出自己应该守的本分，又不得罪别人。骨子里有一股清香，魅力所在也。

我坐在窗槛旁，虽不近高台尊荣，却可眺全厅风光。壁上有一幅先生的老友赠送的墨荷，此时鲜活起来。本意不是来听祝词，亦不在乎酒宴。而听到先生这一席"迂拙"之言，如入芝兰之室，格外清新怡人。

这是他最清醒的声音。有人不让他"做自己"，要他做"另外一个人"。他在抗御，可惜这抗御的声音没法传递出去，终于越来越弱。

说这番话的时候，他对自己突然"飞黄腾达"，还很不适应。

后来，大概他看态势是"非如此不可"，也就不做过多的辩解了。

以往每次访问先生，末了他都来一句"你要坐下来，写作。要坐冷板凳"。"坐冷板凳"，其实才是季羡林的本色。

由于校园随着社会一直反复动荡着，季羡林直到七十岁，才有了"坐冷板凳"的权利。每天，他黎明即起，万籁俱寂中，在灯下写作，迎接早晨。后来，朗润园一天不断地来人，持续到了晚上，他就会生闷气，一句话不说，因为他没有了"坐冷板凳"的时间。他最多的文章、最重要的著作都是在七十岁后写成的。就这样干活，直到八十八岁，"米寿"之期，他完成了二十四卷的《季羡林文集》。

在这次贺寿庆典上人们讲的夸张言辞，与先生的本色生活真不是一回事。

我正在遐想中，有人过来说，先生希望我这个远道来客也说几句。

我脑子一片空茫，走到麦克风前，只说了一句话"我是北大学生，刚从云南来"，就唱了一支歌《有一个美丽的地方》。

先生喜欢我的家乡，他去过昆明。他曾对我说："云南大学有位寸树声先生，很有学问，人品很好。"

这次"米寿"主持人郝斌，貌不惊人，词不哗众，却在明白人心中有个位置。郝斌出身北大历史系，当年曾率工作组下乡"四清"。有一组员名李讷，申请入党受阻，皆因郝组长说她"下乡带饼干，老乡有反映，必须再锻炼"。

后"文革"起，李讷的母亲说："居然不让毛主席家的人入党！"下令抓他，于是郝斌逃出北京。

我毕业的时候，因"不服从分配"而留在北大招待所。隔壁住进了一位"落实政策"返校的历史教师，时常与我聊天。我就这样认识了郝斌。

郝斌的此段历史，只是表明了一位正直的工作组组长对待下级的入党问题的正常态度。他属于那种既清醒又糊涂的人。"清醒"在他知道入党的标准；"糊涂"在他似乎不懂李讷的身份——他是知道的，但他却没当回事。

这样一个人来主持这个"米寿"，大家都以为"合适"。

在北大，说"合适"，就是"很难得"的意思了。在这年冬天，郝斌和北大的前辈闻知我的来意后，都对我说："你来做西南联大这个事，很合适。"

由于郝与我的私交，和他在北大的位置，他很自然地成为我这事的"始作俑者"。有了这种种的"合适"做支持，从那个"米寿"开始，我踏上拍摄《西南联大启示录》的艰辛之途。

这是我人生的又一次转折。自从一九八九年仓促登上海南岛，"下海"开公司，我与北大的联系日渐减少。而最稳定的关系，最欢迎我的人，就是季羡林。表面上，他每次都和颜悦色地听我说种种商场奋斗的热闹，用李玉洁的话就是"听着都累"，而其实他却没有放弃一种期待，这就是我终归要回到文化的位置上来。

一九九二年冬天，在人民大会堂，我获颁"首届庄重文文学奖"，季羡林说："实至名归。"他预感，这应该成为我重新执笔的契机。从那之后，我开始写一些小文字，见诸《女友》之类的生活刊物，然而自惭微薄，从来没有给他看过。有位独立出版人给我出了一本散文集《北大才女》。我羞愧地对先生解释，出版人告诉我，本来要出一套丛书的，有很多人。不知怎么弄的，只出了我这一本，就"叫名"了。先生却说："本来就是嘛，名副其实。"

回想起毕业之际的电影《青春祭》，我一派浩荡东风，此时，我必须再搏人生。

北大是我的依托，先生站在湖畔招手。我回来了，我的校园，我的中文系。

追踪着那些"联大"故人，采访拍摄，大约五年光景，到二〇〇三年，纪录片《西南联大启示录》完成，春天时在央视10频道热播，引起社会轰动。当时"非典"时疫猖獗。先生说了一句"总算做完了！"

这个课题是美国人领先。一位中文名字叫易社强的哈佛学者已经完成了一本书《壮哉西南联大》，北大图书馆有英文版。我曾经以此为鉴。但是，其中有很多事情他弄错乱了。人家毕竟是外国人。易社强依靠丰富的资料，构建一个索引的世界，同时发挥美国人的特长，沿当年学校南迁之路，自己去走了一遍，于是又加有许多"地方志"的资料。

二〇一三年，我完成《西南联大行思录》，这是一部历史见证者的口述史，包含台湾的西南联大校友在内。内中含有若干对前人历史整理的误差纠正。岁月遥遥，重要人物过世，漏失的已经太多。纪录片的主摄影师谭发给我一张照片，是易社强举着我的著作拍的。我感谢易，但我现在做出的事情，他很难做到了。他引导我超越了他。

季羡林此生有一个愿望："让外国学者也跟着我们走。"

我想对先生说，在"西南联大"课题上外国学者是领先的，但现在我可以和他对话了。在我们的大学史和抗战史上，我填写了中国人本该自己写的一笔。

季羡林的世界是一个感知的世界：少成孤儿，青年漂泊，中年沉溺于学海和被迫虚度于"运动"之类，晚年思索于古今。

他曾是最年轻的北大系主任，兹后，又任北大副校长。如履薄冰般的人生关隘，密布于平民出身的季羡林的人生道路，令他严谨之中更求严谨，发展成一种内向的气质。

他的一生，是这样单调和丰富。他的业务成就，是用他的一生孤寂、自我收敛换来的。

季羡林有"从不诉苦"的性格。

就说有那么多的稿费吧，可他的生活从来是老样子，"都市里的乡下人"。

窄木床，棉絮上覆布单。那布单很窄，都遮不住下面的棉絮。

他一身蓝色中山装，唯一的嗜好就是看书写东西。

除了追求新的思想与学问信息，对于季羡林，没有什么"时尚"。

李玉洁说，为他买衣服时，要告诉他，这是"处理货"，廉价的，农民穿的，他才会欣然接受。

要他喝牛奶，也要费工夫。他说："我不喝牛奶也活了七十多岁。"

其他"名人"是怎样活的，跟他无关。

他没有养尊处优的心态。

其实，人生本来就是平淡的。能有一点闪光，不要变成通体金光。季羡林的活法，虽然过于枯寂、古老，但是不含腐败的气息，反而有点宗教似的静谧。

一个留学十年的博士，却将自己的一切生之乐趣与欲望压缩到几乎为零。从这种严酷性来说，季羡林是一个时代的产物与牺牲品。

他在这不可选择中所做的选择是：唯保存自己的学术与正直的品格。

晚境中的季羡林，一直坚持生活自理。这是一位老人的尊严。但这常常令照顾他的人们为难。不知是儒家风范还是绅士态度，有时，即使是比他的女儿还小的我，走进他午睡的客厅，他也要立即从沙发上坐起来，正襟危坐。

我能理解。这种倔强酷似我的父亲。

季羡林永远是强者。岁暮衰年不能夺其志，更不能有损他内心的骄傲。永远是平民作风的他，不需要人恭维，亦不需要人怜悯。他要自尊地走完自己的路。

有时，我觉得他有点"入定"的意思，大概是研究印度佛教与禅有心得，视荣辱为过路风雨。

一次，人家丢失了他收藏的一幅名画，先生也只说了句"身外之物"。

他将珍贵的真情贮存于心之深海，从不轻易释放。面对海外归来的孙子及重孙儿，也没有如世人的痴狂显露。但亲人一离去，他即写出了富有激情的想念的文章。

季羡林是一个有激情的、细腻的、极富人性的人。他本应该有更加幸福与快乐的人生。即使时代将他挤压成一个专注的学者，他的人性仍然深存。

有时，我会联想到那位性格怪僻的贝多芬，在他那眉头紧锁的严峻下面，却奏响了《欢乐颂》这样春风浩荡的音乐。

谁能知道，在季羡林的不苟言笑中，有一片爱的海洋呢？

我并不想将他圣化，只是讲感情的特殊规律。季羡林属于特殊类。

对于季羡林，最重要的并不是光环和浮名，而是理解与温润。

在他半卧床时，我曾到他的卧室与他聊天。他对我说"够本了"，还指着榻下的鞋说，这鞋可能明天就不穿了。

赶上了，我也与他一起吃饭。小米粥，窝窝头，炒火腿肠，还有咸菜。他的午餐不过是别人早点的分量。

季羡林一生致力于东方文化的研究，以印度为主。他在《学海泛槎》中都做了交代。后来人们瞎给他称号，有损他的学者风范。

"什么'一代宗师'，好像听着不入耳。"季羡林这样反应。

再问他："如果给您下一个定义，应该是什么？"

他说："我是北大教授，东方学者。足够了。"

他还说："对一个人，要给他名副其实的定义，他自己心安理得。如果不名副其实，他自己也吃睡不安。好多事情不是这么出来的。什么是'国学大师'？先得把这概念搞清楚。"

他认为，大概王国维可称作"国学大师"。

人家曾经要他当"中国作协主席"，季羡林说："有人说我是'作家'，我哪够得上是作家？'作家'这个名字是非常高尚和神圣的。我是滥竽充数。我最多够上个'票友'。"

当年，我将《牛棚杂忆》一书带回家中。因为这本书的坦诚风格，父亲向我详细询问了季羡林的生活现状。

时值中秋，我说，季先生喜欢吃云南的火腿月饼，略加品尝后，在月色之下，走到门前的湖边看看荷花。

父亲郑重交代我："以后每年中秋都要给他寄去，记住。"

后来，我就每年给他寄包裹，实而不华，都是云南特产，从药材到小菜。先生尤爱吃云南的鸡枞菌、火腿。

暮年之人，每喝粥时尝到小菜，就会知道我惦念着他。

一直到他逝世的那年，季承在电话中告诉我，他已经不能咀嚼。

我等待和害怕的一天，终于来了。

当年我父亲逝世，我曾到北京向季老哭诉。他写下了"无名有品，无位有尊"的字幅，让李玉洁送到勺园给我。后来我写了《中国布衣》，送到朗润园时，先生已经是半卧床状。他翻阅此书，说："你父亲是书法家，我不是。"

李玉洁在一旁说："季老也是一个布衣。"先生默然。

在季羡林逝世后，有人将一个考究的书画匣交给我，说是季老临终嘱托，一定要交到我手里。打开一看，竟然是我父亲当年写的那幅字："温不增华，寒不改叶。羡林先生寿比青松。一九九九己卯年秋月。学生张曼菱贺，父代书。"

季先生将我当年带去的那张叠过的宣纸进行了最雅致素淡的装裱，用的衬底是与宣纸颜色相近的银白纹厚底，选择了在中国人心目中最华贵的明黄缎面的字画盒，上面的锦纹是龙和牡丹。

我那不愿意步入华堂的父亲，却在季老这儿极尽哀荣。

来人说："当年在若干寿礼中，那些名家的都没有留下，先生只取了这一幅字画收存。装裱后就挂在他的小书房里。

直到年事衰末，怕身后混乱，他才叫人摘下，交代'一定要交回到曼菱的手中'。"

"温不增华，寒不改叶"，这是诸葛亮在《论交》里的名句，为父亲所钟爱，一直书写不息。当年我交出这张宣纸时，我父亲那番"普通人"不愿意与名人们混迹一堂的言辞和这幅字，都打动了季羡林的心，所以他珍藏至今。

先生的灵魂与我的布衣父亲，超越世俗，此刻同去了一个有独立精神的归宿地。

季先生在临终前，交代要将那幅字送回我的手中，这正是他经历一番世态炎凉后对自己人格的表白。"温不增华，寒不改叶"，这原本就是他的人生理念。

按照他在纪念邓广铭先生时说的话，这也是对我这个"未死者"的嘱咐。

这些日子，我在成都见到百岁老人马识途。他说，西南联大时，闻一多曾经想办个刊物，叫"士"，故意拆成"十一"，就是要弘扬传统"士"的君子品格。

身居华堂的季羡林与我远在边城的布衣父亲发生了这一番文墨辗转，也是意在于此。他们都执着于那份平民知识分子的平淡尊严与独立。

有时候，我想，先生假如能一直安居校园，在理解他的人们中，做一枝深谷幽兰，一切都顺理成章，何其幸哉！

当年那场烈火烹油、鲜花着锦的"米寿"盛会上的芸芸众生，已烟消云散。而先生以他特立独行的精神，给我留下回味重重的余韵。那是先生在北大校园度过的最后的最好时光。一切是那么融洽、合适。

对会上那些外来者有"出格"过分的溢美之词，先生坚辞不受，态度谦恭。而主持人和与会者们"兼容并包"，泱泱气度。在北大人的"互动"下，任何世俗的细节都会被"穿针引线"，纳入北大的价值观。所谓"酒肉穿肠过，佛祖心中留"。

而今红尘迷离，唯心中的校园，心中的先生，是永存的。

一九四八年，举办泰戈尔绘画展时留影。前排：季羡林（前左一），胡适（前右六），徐悲鸿（前右五），朱光潜（前左三）等

二十世纪五十年代初，汤用彤教授（右一），邓广铭教授（左二），季羡林教授（左五）等签名反对美国侵略朝鲜，支持我国抗美援朝，保家卫国

一九五八年，季羡林先生在北大校园参加劳动

一九五八年，季羡林先生参加塔什干亚非作家
会议

一九六二年，季羡林先生（左一）访问埃及时与杨秀峰、钱其琛（右一）等合影

一九六二年，季羡林先生访问叙利亚，与辛毅合影

中　篇

高处不胜寒

五

在医院：先生失去最后的私人空间

先生自从入院，已经失去他最后的私人空间。

他一直想回校园。

他的内心再没有了松弛、随意和悠然。

季羡林从校园的一位默默的学者，成为中央领导关注的对象，一举推到社会顶峰，是北大应"上面"要求推荐的。

二〇〇七年七月，秋凉初透。我到三〇一医院病房探望季羡林。

他毫无龙钟之象，白衣凝神，端坐案前。

我送上一套我编撰的《西南联大人物访谈录》，他讲了几句，说"这事很有意义"。

静默片刻，我俩有一段对话。

季："你有没有写《北大回忆》？"

我："没有，只有零散的文字。"

季："应该写，值得回忆。"

我："怎么写？"

季："像《浮生六记》那样写。"

我顿时有些白云深处的感觉，不由得怀想起当年朗润园的光景。

我和他一时又都沉静了。

在我们之间，这种"意会"是经常发生的。说到什么时，触动心机，二人都同时缄默。片刻，再谈话。

这使得我们的交流有一种节奏，信任深化、体贴入微的节奏。

说实话，这种默契，在我与任何人之间，是没有产生过的。

我怀念这种享受。我想，先生也是这样的。

季羡林并不像世俗想象的，总生活在热烈红火之中，也不是总在思索和讲着格言式的话语。

有的老人羡慕季羡林入住三〇一医院，得到最精确的护理救治。然而先生自从入院，已经失去他最后的私人空间。

本来生活在孤独中的他，依托着北大校园之晨昏，寄寓于窗外荷塘，有师生来访之情趣，有他的猫儿，尚有着他生命最后提炼的内容。

他一直想回校园。

但人们告诉我，季先生在三〇一医院无菌的病房里住久了，一回北大就会发烧。北大校医院也不敢负其责。先生于是只有长住三〇一了。

此刻，他对我突然提及《浮生六记》，那是贵在心灵之自由的记录，是布衣寒窗的风月往事。

"浮生"，不只是说生命的短促，更是指这生命不系于任何庞然重物。生命处于自在自为的状态。自由的渺小，渺小的自由，昭示了生命本质上的尊严。

翌年夏天，远在西南的我收到挂号邮件。展开是一张宣纸。季羡林的墨迹、印章赫然显现："北大回忆"，写了两遍。这是他为我的未竟之作题词。

此间有深意，有如托孤。用他自己在纪念邓广铭时的观点，这是"后死者"对先死者必须完成的。

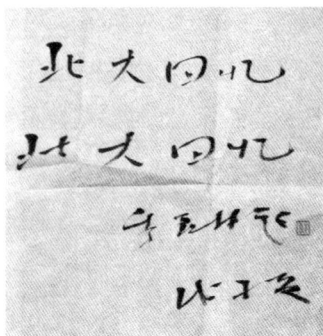

"北大回忆"，季羡林嘱咐作者
必须完成此作，并预先题写书名

作者于二〇一四年出版的《北大
回忆》一书，封面是季羡林留下
的题词

相见时，季先生有一段话令我伤感。他说："那年我去昆明，没有找到你。"

杨秘书在旁问道："你哪一年到昆明的？"

他说："（一九）五〇年。"

我与杨秘不禁相视而笑。

季羡林的记忆有些混乱了。他忘记了我与他的时光差距。

我感到他的牵念之情，也发觉敏锐清晰的他开始对岁月模糊了。

他让杨秘取纸，写给我一幅字"为善最乐，能忍自安"，令我感到他晚年的无奈。"忍"这个字，听起来不是那么舒畅。

他特意提到的《浮生六记》，表面写的都是趣闻逸事，其实蕴含着文人不能主宰自己命运的巨大悲哀。主人公最后家破人亡，只能凭吊。

那次去三〇一医院，我因眼疾行动不便，由在京念书的外甥小白陪同前往。

我就对他说："看一个大事件，一定要放到大时代里去看，而不是用小范围、小原则可以解释的。"将季羡林奉为圣贤楷模的社会现象，是"维稳"的一个举措。而先生心知肚明，配合之。

外甥亦认同此见。他说，季先生见过中国的乱世，所以他也希望"维稳"。

我想，季羡林可以在青年一代身上得到理解了。

《浮生六记》贵在心灵之自由。恬淡之中，隐藏了不愿意从俗的辛酸。风雅之下，保存一根纤细的书生傲骨，显示出一种游离于主流社会和功利的飘浮状态。

这种自由与游离，季羡林已经不可及。

先生仍然和我很亲，但这和在北大校园他的家不一样了。那时他依然是自我的，是刚毅的，是"说一不二"的，他可以站起来，到书房把写好字的书拿给我，不用问别人。

此情景一去不返了。

乙酉之秋，我从万里之外来京，到了医院的大门口，却不能与他见面。

李玉洁在电话里说，因为近来北京有流感，怕先生被传染，所以谢绝来客。她要我到附近的肯德基餐厅去等候。

她来了，说："先生知道你来了。"

她下楼的时候，季先生说："你不拿两本书去给她？"

李玉洁把书给我，开始大吃肯德基鸡块，一看就是在医院里憋坏了。

但她给我的那本书《学海浮槎》，我已经有了，季先生给过的。

如此混乱，可见一斑。

季先生正在变成受人们非议的人。他参与的许多事情恐怕他自己也不明白。

媒体上他讲的话，有的我不相信。季先生的批判精神，就是面对强暴也没有丝毫屈服软弱，"百尺钢"怎么会变成"绕指柔"？

上季先生住的楼要一个特别小组来批准。

见面已难，但我坚持探望，意在慰解他的寂寥。他对我的牵挂，一如既往。

那次我眼睛做了手术后，去看他，一进门我故意逗他："瞧瞧我是谁？"

他说："南国丽人，不就戴了一副墨镜吗？"

他还记得我写过一部小说《天涯丽人》。

那一年，我和助理李宏去医院，一个护士告诉我："季羡林不愿意见你。"

我立刻指着她说："造谣，挑拨。我根本不相信这是季羡林说的。"

我打电话给季承，季承很快下楼来，接我们进去了。

后来我向院方提出质疑，他们的解释是：因为想让季羡林清静。

可见他们谁都可以编造季羡林的话。

在三〇一医院见面，谈话时旁边都有人，季羡林变得字斟句酌，极为简洁。

"能忍自安"，季羡林在三〇一医院为作者所题
赠词

人到晚年离开了自己的家园，总是会不自在的。他的内心再没有了松弛、随意和悠然。

有人劝我，今后不必再要求看望季先生。那怎么可能？

我希望季先生不要再表什么态了，表态越多越是对他的损害。因为那已经不是真正的他了。

季羡林住进三〇一医院之后，他的人生故事、以他自己的意愿为主导的生活就已经结束了。

李玉洁，在校园里绰号为"大内总管""大管家"。有关季先生的生活杂事，人们都必须与她谈，由她决定。但有

大事时，学校会直接找季羡林谈，大面上的活动她不能参与。

她原来是东语系的一名校工，曾经被系里派遣帮季先生处理过一些事情。在季先生退休后，李"毛遂自荐"上门效力。显然，她对季先生有很深的敬慕之情，否则不会这样不离不弃地坚守如此长的时间。这一点，校内校外的人都无可否认。

李玉洁是对季羡林的生活习惯和性格最熟悉的人。校领导郝斌曾对我说过：虽然她有她的毛病和不足，但是除她之外，的确没有更合适的可以照料季先生的人了。正常情况下，她也不至于违背先生的"旨意"。就听其自然吧。

所以，北大校方，对李是尊重的。

后来，季羡林住到外面，李对外的身份是秘书，人称"老秘"。

随着季先生年迈、衰弱，盛名膨胀，李玉洁的代言人地位也上升了，"水涨船高"。

脱离了校园之后，季羡林身边形成几个利益圈。他们相互苟营与角逐，彼此心知肚明。

尤其令我骇然的是，在这位步入晚年的学者身上，那种由清华的严谨和北大的清高所打造出来的校园风格，荡然无存了。报上出现了一些题词，一些不清醒的不合乎身份的话。季羡林被一些"有术无学"的人包围着。

我有一种"季羡林被绑架"的感觉。

人皆有老。老去的亲人和自己的老境。

社会应该如何对待老人？

人衰老了，是否还应该承担社会公共角色？

老人是需要监护的，需要公平正义与仁爱的监护。

如何维护老人的独立与尊严、安宁与健康？这是一个伦理与人性关怀问题。

老年人在生活料理和与外界交流都必须依赖于他人的时候，会产生一种屈从心理，一种恐惧感，也有相反的倾向。

老年性心理的蜕变，就是伟人也难以避免。

季羡林这位孤独老迈的北大教授被人使用得太过分。

先是作为一个学者被"使用过分"，后来，作为一个老人更被"使用过分"。

季羡林逝世后，他的散文隽语化为手机短信，在青年学子之间和社会上传播，说明他的平民性、他的朴素与深刻为大众所接受。

他对温家宝总理说的那句名言"假话全不说，真话不全说"，表明他最后的人格底线。

当世俗的锣鼓打得喧天的时候，衰弱的季羡林已经走在人生的边缘了，时时地要他表态，对时局做出反应，近乎残酷。

古人云："烈士暮年，壮心不已。"而古人的暮年，不过指五十岁上下，不是指八九十岁。

后期季羡林离开了校园，他的交往圈子也离开了校园和学人土壤。那些真正的校园子弟和学界故人，都是洵洵书生，谁会愿意去蹚浑水呢？

暮年偶像是不人道的，对季羡林是一种残忍。

"季羡林现象"，是一次新的"造神"运动。然而"造神"的时代已经结束，所以崩溃来得很快。

其结果是"寿则辱"。"造神"制造的垃圾又都倒在了季羡林的头上。

在季羡林的身后，由于周围人员混乱和授权不明晰，留下疑案谜团。

季羡林去世后，我专程访问过原北大领导王学珍。他告诉我，季羡林从校园的一位默默的学者成为中央领导关注的对象，一举推到社会顶峰，是北大应"上面"要求推荐的。

这就是那些"桂冠"的由来，也是那些领导不断看望他的原因。

王老还告诉我，北大从来没有给季羡林"派"过秘书。北大不会给一个退休的副校长派秘书。当年，马寅初退休了，也没有秘书。

季羡林长期以来生活在北大校园，处于一种学界生态的保护之下。那些了解他的学校领导不时地慰问他，应他的需要进行一些处置。

然而，在最后的时光里，北大完全"抛离"季羡林，以至学子们的"大字报"上说，"这对一个老人是不人道的"。

这个情况转变的原因也在我走访校领导时得到答案。

原来季羡林写了一封信给温家宝办公室。

这封信的内容，至今没有公开。可以看出北大对季羡林的尊重。

信中最主要的一点，就是季羡林提出，拒绝北大介入对他的管理看护和诸事，他需要自己的儿子季承来照顾。

知情人告诉我，北大当时决定不予追究，一切按照季老的意愿办。

北大方面表现得很宽和，他们说，人老了，思念自己的血缘亲属，也是常理。学校方面很欣慰他们父子相认。

从王学珍说的那些关于"派秘书"的话，可见北大是很憋屈的。

季羡林身边的人并不是北大"派"的。李玉洁是自己上门，季羡林接受了的。后面的人都是李玉洁找来的。

王学珍对我说："季羡林后来那么红火，李玉洁的作用是很大的。"

李玉洁病倒之后，局面十分混乱，这与她引来的那些人有关。

后来为季羡林治丧，是温家宝办公室指定了北大，北大

《季羡林先生生平》封面

才承担起建立灵堂的责任，与其家属协商料理后事的。

撰此文时，我翻出当年参加季羡林追悼会时的一份资料，封面是先生戴着家常小帽微笑着的肖像，印制非常考究，里面是"季羡林先生生平"。

当一切平静下来，重读这份"生平"，感觉评价中肯，分量沉重，定位牢靠。我决定将它收入书中。

然而，此时我却发现，这份资料的前前后后，竟然没有一个落款。

先生啊，您魂归何处？这为您做了"生平"最后定格的人是谁？

毫无疑问，这是北大方面写的，也只有北大才有这个资格和这份责任，来为季羡林写"生平"。

"没有落款"的事情，显然与当年先生与北大"分手"，写信给"温办"的那件事有关。

所以先生的后事上出现了如此的空白。

我怀着沉重之心，拨通北大当年处理季羡林后事的负责人郭海的电话，并顺利地得到了回话：在这份"季羡林先生生平"的空白之处，可以注上"北京大学季羡林先生治丧办公室"的字样。

我好像又听见季羡林在说："我是北大教授。"

六

"唐僧肉"的多角折射

季羡林这块"唐僧肉"，除了他的那些文物是"肉"以外，他的名望，以他的名义发言，做他的代言人，都是令"妖怪"们垂涎欲滴的大肥肉。

二〇〇九年七月十一日，在同一天内，中国大陆两位著名学者季羡林、任继愈辞世。双星同殒，震动国人。

他们二位与我都非常熟悉，皆称我为"小友"，相处甚深。

三日之内，我从昆明赶到北京祭送，携带着两份同样的祭奠品：百枝百合，百枝白菊。外加一只仿古青铜香炉。

连夜赶到，下了飞机，有小友子寒来车接应，带我去挑选花瓶，然后到"国图"。

已经请任继愈之女任远打招呼，有人开门，让我们进任老的灵堂去行礼，将从云南带来的花枝放在花瓶中，排列于灵堂中。

将及凌晨，才到北大。事先与师弟郭海打了招呼，他是季先生治丧办公室主任。也有人接应，将花送进季先生的灵堂，摆放在前面。

师兄郝斌按我的意思写好了挽联："荷尽已无擎雨盖，菊残犹有傲霜枝。"并替我安排好勺园的房间。

次日，见北大新闻网上已有我前来祭奠的报道。

入住勺园后，第一件事就是给杨秘打电话。

我与杨秘见过，在三〇一医院季老病房。

那天阳光明媚，先生面目清爽，神情愉悦。

谈了一会儿，先生对杨秘说："拿纸来。"

杨秘应声取了宣纸来，安置好笔墨，先生为我写了一幅字。

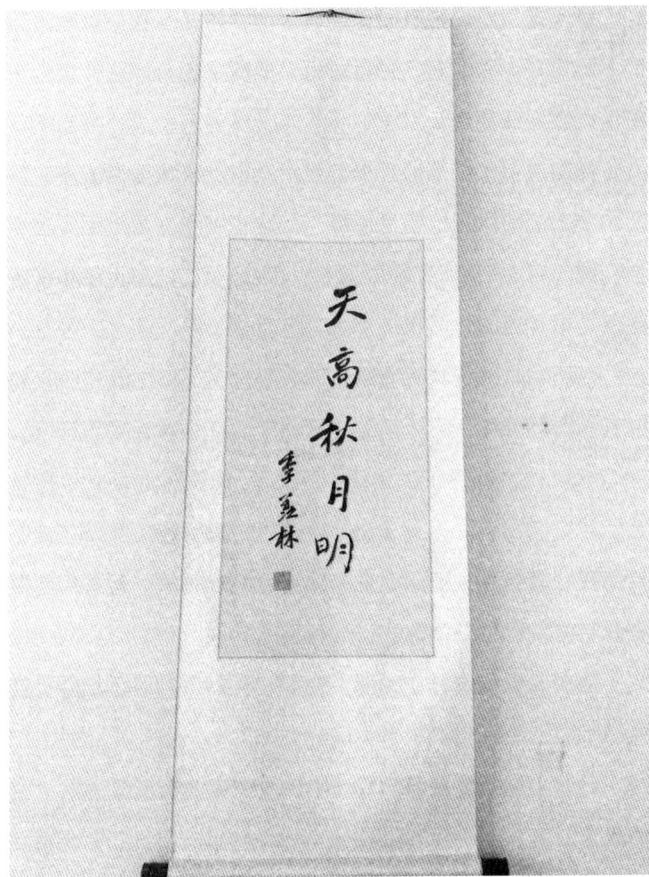

"天高秋月明"，季羡林为作者所写，以志数十载"忘年"相交的境界

那天先生还记错时间，说话颠倒，杨秘与我会意地暗笑。

她拉开一些距离，到旁边用一把梳子梳头。这样我坐在先生近旁说话。

杨秘说："早上忙赶车，连头发也没有顾得上梳理。"

李玉洁中风后，杨秘接班，在这里照应。

她与老太太不同，每天都得回家，早上赶来。在北京这样，是很辛苦的。

在昆明时，我和她通过电话。我说："寄出的东西收到没有？"

她说："收到了，正好，这几天不知道要给季老吃什么了。"

我叮嘱她，火腿片都是熟食，可以下面条。鸡枞菌是先生爱吃的，也可以下粥。

那次去见季羡林，我带了外甥。我们感觉很好，屋子收拾得雅洁有序，先生状态不错。

杨秘不像李玉洁那样有一副权威面孔，给短暂的探望施加压力。

她站在那里梳头发的样子，使我觉得轻松，在这座不寻常的医院里，能够给人一点"家常感"。我欣慰着，季老有这么一个年轻女子来用心照料。

在我回到云南不久后，杨秘离去了。当中一定发生过什么事情。所以我此次来，也想见到她，了解一些情况。对于照料过季老的人，我总有一种感激之情，还带来一个云南玉的"平安扣"。但杨秘说，她很快要离开北京外出，不能来见面了。她对我诉说她的委屈。

她说："我和家人在外面吃饭，我觉得炸的乳鸽很香，就打包带了回来，想给季老换换口味。医院里是没有这种味道的。没想到，后来他说，我给他吃'啃剩的鸡骨头'。"说到这里她又哭起来。

从她的话里，我听出，她的离开事出有因。看来季先生身边的这个位置，非同寻常。因为这是取代李玉洁的"大内总管"。

而由于季先生的离开校园，走上社会，李玉洁的来历已经没有人再询问。本来在学校时，她是不可能参加季先生的社会活动与学术交流的。大家知道她原来的身份是工人，她就是为先生料理杂务的。最初是怀着一定的悲悯之心来的，也没有多少便宜可占。

可到了后来，包括北大在内的各方人马都得听从她的指派。因她动辄声称"某领导对我说"。其实中央那些人也不知道她的来历。从在校园时的"毛遂自荐"上门去照料季先生的生活，一跃成为季先生的全权代理人。代收款，代收礼，代发言，代签字，代"认可谁""不认可谁"，等等。究竟季先生对她的认可度有多高，她对先生的控制到了什么程度？没有人去追问。仿佛里面有什么隐私。搞得有点暧昧。

这些事情，都是由于先生的孤独无援、过分纵容造成的。

先生日渐衰弱，她更加自作主张。

当时我突然有一个感觉：先生已经成了一块"唐僧肉"。

人们都在关注那些文物的最后归宿。但我认为，季羡林生存的最后空间，从那里发生的一些戏剧性转折，也是不可忽略的重要事件。

在季羡林身边，环节是不停地在中断，一环不接一环，事情被迅速抹去。

此时，我强烈地想见一个人，李玉洁。

而恰逢其时地，我的门被一个陌生女人敲开，她自我介绍是"李玉洁的干女儿"王如。

这是一个"自来熟"，进门就说早就从李老师和季先生那里知道我了。

听她之言，季羡林在最后的时光中是她在身边陪伴。可是我对她却没有半点印象。

我与季先生这边的联系一直没有断过，即使不上北京，也会在电话里问候。

在李玉洁之后，是杨秘。一接电话，杨就对我解释："李老师病了，我来代她。您有什么就对我说吧。我知道您。"

在杨秘之后，那边变成季承接电话，都用的那一部手机。号码没有变，就是为了维系这些老关系。

季承一听，就明白我是谁，知道我想问的，无非是季老身体状况。

我从来没有这个王如的印象。

也许是为了证明她的"来路"吧，很快，我就在王如的引领下，到三〇一医院的一间小病房里，见到了说话已经含混不清的李玉洁。

李见到我非常激动，她说："我知道你一定会来，但没有想到你会来得这么快。"

这说明她神志清醒。

她拉着我的手说："曼菱，我们是患难之交。"

她言之有据，初见她时，我还是一个校园女生。而季先生还素淡地生活在校园。她百感交集，说明她在为往事而反省。

李玉洁立刻说到某人："曼菱，我后悔啊，当时先生说，这个人不适合到研究所。可是他来求我，我就仿照季的签字，给他写了推荐信。"

李玉洁在悔之莫及的痛哭中，告诉我：先生后来已经完全失明。正是这个人，对先生"做局"，在媒体上播出所谓"三跪九叩"。

此人一进门放下垫子就跪下，对着季先生叩头，而先生什么也看不见，只是木然坐着。

这一幕也成为季羡林引起人们非议的一场闹剧。北大教授，肩负"五四"传统，怎么会让学生跪下呢？

还有人问：北大招收研究生要行封建礼节吗？

季羡林从德国回来就在北大任教，从一九六四年就开始带研究生，一生弟子极众。

任继愈的女儿任远告诉我，她也是季羡林的弟子，"当时办了一个班，由季来带"。

他的弟子中有不少研究东方文化的佼佼者。

这些学生都不会来镜头前做秀的，什么"三跪九叩"？想弄出一个什么局面来呢？搞这些不就是为了排斥别人吗？

季羡林就这样处于李玉洁的控制下，连自己的学生和相识多年的朋友要来看望，都受到了阻碍。谁能进谁不能进？何时进？悉听李秘的。

她营造了一个"利"的圈子。

李玉洁对我说，她不能参加第二天八宝山的告别仪式。有人威胁，不准她出场。虽然温家宝办公室打电话来，要她出席。

先生的遗体还躺在医院太平间。李说，她已经拉着先生的手，与他告别过了。

我觉得，执意把李玉洁摒除在八宝山的告别仪式上，也是不公正的。

她的确是季羡林身边一名忠实的陪伴者与看护者。时间之长，无人可以取代。

她介入与处理季老晚年各种事件与情况，是"第一当事人"。

虽然她有贪欲与虚荣心，不断有占便宜的小动作，但是我以为，她总体上对先生还是忠诚的，她会有良心的自省。

很多事情的始末，很多人的来龙去脉，李玉洁可以说得出头绪。

对李玉洁，我的感情是复杂的。

她对我说过，她看季先生一人生活可怜，出于敬慕与感恩，自动投到门下服务。她说，季先生曾经保护过她的丈夫杨先生。

李玉洁家在燕南园，她在家里请我吃过饭。

她在季先生那里只吃一顿中餐，每天早出晚归。

无论起因多么纯正，要维持这么漫长的效劳，无疑是需要回报的。

放下李玉洁的各类企图，不去揣测。我认为，他们之间最初就应该规定好，她可以获得多少酬劳。

后来，她成了处理季羡林财产的经手人。事情变得毫无界限。

向她告别时，我说，我还会再来探望她的。因为我也感激她对季老的照料，并且为我们维持着联系。

但我深深地忧虑着，她康复的可能性渺茫。

她于内于外，已处在一种近乎崩溃的状态。没有人期待她康复。

我到北大吊唁的次日，师弟郭海请我吃饭。

郭海是北大季羡林先生治丧办公室主任。

他说，在八宝山告别仪式上，温家宝总理要来，温家宝办公室要求上呈季的家属名单。报上来的名单，他一看，明显混进了外人，于是提起笔勾掉了。

郭海说的这个"混进来的外人"，与李玉洁向我哭诉的那个人，就是同一个人。

后来有人告诉我，有人连摄像机都准备好了。就等领导人与家属一 握手时，拍下来，好用来"忽悠"社会。

这些行径，其实北大校园内的人大多清楚，只是不想与之纠缠，所以也没有人出来指责。这种"清高"，实在是误事。对于学界的清浊，对于社会风气，其实采取了放弃的态度，产生的坏影响传播中国社会之广之深，他们却不考虑。

季羡林的门下，诸多弟子，虔心修史，却没有人效法先生，敢于直言。

郭海特意提醒我："别蹚这浑水，送别心意表达，赶快走。"

北大校内人，对季羡林的情形，是最明白底细的。然而季羡林已经写信给温家宝办公室，从此北大方面不再发言。校园内噤声了。

送灵的前夜，我到朗润园去为季先生烧香。

按老话，即将脱离形骸的灵魂，在那一夜是要回到故居里的。

我要到我们曾经坐着聊天喝茶的房间里，点一炉香，送别他。

季承让他的妻弟拿着钥匙，陪我过去。

夜间的后湖很安静。我们边走边聊。这是个四川汉子，他很礼貌，一直陪我在校园幽径上游转。

路上，他告诉我，季羡林最后对儿子说，李玉洁逼迫他做很多事情，太过分了。

打开朗润园的旧家之门，灯光下，室内布满灰尘，所有的陈列物已经被搬空。地上有一些堆积的旧书，还有几包东西，显得混乱。

有一只木几甚至是倒地的，感觉仿佛经历了一场仓促的抢劫。

关上门，我一个人静了一会儿。扶起那只茶几，在上面点燃了我带来的一只仿古香炉。慢慢地，房间里弥漫起檀香的气息。先生研究印度，会喜爱这气息。

闭上眼，在心里还原着这房间曾经的温馨。

我怀想起昔日这里有过的寂静之夜，先生在窗口的那张桌子上记他的日记，想起在这里发生过的那些事情。

还有，别后重逢，我推开门时，心中的那份安宁与喜悦。

朗润园，忘不了这里。斯是陋室，有德则灵。

走回去的路上，我对季承的妻弟说：对文物，其实别人没有什么可争的。季承是他的亲生子，谁也否认不了。而他亦曾经举办过捐赠北大的仪式和手续，亦无可争辩。在这二者之间，必有一决。要看法律上如何说了。

在勺园，王如时常是不请自来。她送来一套裙子，神情诡秘地说，先生在看画报的时候，喜欢上这套裙子，说"曼菱穿上一定很好"。

于是她们就买来了。王如要求我，去八宝山时穿上它。

那套衣服上身素雅，下裙有些印度风味，色调浓郁。

我笑道："这穿上，不就成了八宝山一景了？"

王如听不出话音，答道："明天媒体就围着您了。"

连这个意思都听不明白，比李玉洁还差一大截，如何"陪伴季羡林"？

在季羡林看来，李玉洁就是"满嘴跑火车"的水平。

王如，浑身上下没有一点校园人的味道。

第二天早上，我拒绝上她派来的车子。

我早预约了北大子弟大山的车。他按时来接我，前往八宝山。

我身着从昆明带来的一件白绸短袖，式样简洁庄重，胸前有一朵白纱的牡丹。

只见万头攒动，如赶庙会一般热闹。

躲进人群，我和大众一起排在队列里。在长长的队列中，别人多在东张西望，前前后后只有我一个人在哭泣着。

用了很多时间，才走到前面。

季承认出我来，他从那一列亲属中走出来，拍拍我的肩膀。

我行过礼，迅速离去，回到停车场。

大山将我送回北大勺园，拒收此行车费。他说，表示对老爷子的悼念。

每次我来京，去三〇一医院探望，都是坐大山的车。

对我如此独行，不卷入任何热闹纷争，他表示赞许。

那天，在贵宾室和在场面上，起码有两拨人马在争斗。

八宝山可谓是"各显神通"的地方，因为北大根本就不管事了。

季羡林这块"唐僧肉"，除了他的那些文物是"肉"以外，他的名望，以他的名义发言，做他的代言人，都是令"妖怪"们垂涎欲滴的大肥肉。

王如后来埋怨说，她一直在贵宾室里等我，还有媒体的摄影师。

我说，我去贵宾室没有必要。

我庆幸自己表达了心意，又没有出现在任何媒体上。

一直到我回了昆明，还有几个记者打来电话，要求采访，口口声声说："你是季老心中的南国丽人。"这些肉麻的话都是王如散布的。

我一言不发，挂断电话。

在媒体及网络上，季羡林丧事成为热点被炒作。什么乌龟之争，我不看。

离开北京之前，我向严家炎先生讲了心中的郁闷。

在家炎夫人晓蓉姐的安排下，我与他们伉俪，还有钱理群师兄一起叙谈。

从此我有了一个思想准备，要为季羡林撰文。

回到昆明，我很快从报上看到了"季羡林图书被窃案"。

王如作案，已经人赃俱获，押在海淀公安局。

家人告诉我，从网络上可以查看央视2套关于王如的官司报道。

在这个节目里，王如扬言，她手中有季羡林"亲笔遗嘱"。

我再上京时，王如已经被放了出来，她带一些人来见我，说是"律师"，试图解释她被拘的经历。我要求看她被释放的"无罪依据"。她拿不出来。

她说："公安局说，已经没事了，还要什么依据啊？留下依据才不好。"

我以为，一个无辜的人，在被拘押后，是一定会要求给予一个解释的。

我要求看"季羡林遗嘱"。她说："没有到时候。"

王如娴熟地扮演着季羡林的"最后陪伴者"。

我感觉，她是从李玉洁那里得到太多的"二手资料"，然后进行编派的。

我几次来京，都给李玉洁打了电话，李却总是说，因为小病房要维修，三○一医院已经将她转移到大病房。大病房人多，说话不方便，要我等她回到小病房时，再来探望。

我感到李大势已去，医院不可能让她再住小病房。

李玉洁的虚荣心受不了，所以她不要我去探望。

老太太也不想想，"见一面，少一面"了。

她为了虚荣心，放弃她最后的也许是带有自救意义的话语权。

我很想问她，王如是怎么成了季羡林基金会的秘书长的？这个授权里面有没有什么"猫儿腻"？或许李玉洁又玩了一回"模仿签名"的把戏。

因为我看出来，老太太很矛盾，她见了我，就想讲点真话。

最后一次，我想与李玉洁联络，电话已经掌握在王如手中。

这电话太重要了，可以说，季羡林的所有联系人都在那上面。

王如回答我，李玉洁已经不在北京，到一个什么治疗慢性病的地方去了。

在这个世界上再没有人关注这位老太太。这真是"树倒猢狲散"。

然而，并没有"落了片白茫茫大地真干净"。

不幸的季羡林，到入了土，也难得清静。

二〇一三年夏秋，我到北京，王如特地来送还我父亲的字，就是那幅"温不增华，寒不改叶"。

这件事情，我分析是李玉洁叫她来送字的。李要完成先生的夙愿，并且传达出对我的一份情义。

事情起源很早，父亲是在一九九八年为季羡林贺"米寿"而写。那时候王如还没有影子。

她不可能知道这件事情的原委。但她却一下子明白了这事情对我的分量，这是我父亲的分量和季老临终心愿的分量。她做这件事，可以提高我对她的信任度，从而证明，她是季羡林最信任的人。

那天中午，三联书店总编李昕到天龙饭店来，与我谈《北大回忆》稿子有一章要"拿掉"的情况。

我给他看了这幅装裱得淡雅精致的字幅，感叹父亲与季老皆已经不在人世。

李昕说，季老能够有这个交代，很难得。他叮嘱我"写进书里去"。我于是就把这个事情写到《北大回忆》的序言里了。

几天后，我在与一位女友茶叙，王如突然闯进来。

当她知道我这位女友的身份，要求人家留下联系电话。

我立即阻止了。我说："她和你联系不合适。你还是找我吧。"

王如走后，女友说，她家老爷子在清华也有一个基金会，她是理事之一。所以她熟悉有关这方面的法律。按照基金会的规格，季羡林基金会是"二级"，没有独立身份，不能离开所挂靠的北大。王如跑出来在社会上活动，是非法的。

她奇怪，北大为什么不收回王如手中的印章呢？

正是这枚印章和基金会秘书长的身份，使王如得以做成许多讹诈的事情。

许多人跟她这个来历不明的人接触，都是看在这个分儿上。

二〇一四年四月，三联书店为我的新书《北大回忆》开发布会。

王如闻风赶到现场。她是唯一没有"对号入座"的人。

散会后，王如一直尾随我们到了餐厅。

在用餐时，她获取了几位北大老师的联系电话。

有一天，她直接冲进了三联书店总编李昕的办公室，拿出一堆"季羡林基金会"的材料，提出要与三联合作，出版"季羡林手稿"。

李昕很认真地拿出三联书店以往出版的名家手稿样本，以为可以做成一件事情。

她向李昕订购一千册《北大回忆》，那天就拿走了五十本，后来没有来付款。

她留下一堆东西在李昕办公室，同样也留下了一堆在我的客房。

里面有一本台历，从封面起，每一页都是王如与季羡林的照片，是拼接的。在画面上，她不仅与季老平起平坐，更有几张，是她高高在上，光辉四射，而季在一个角落里仰望着她。

我跟李昕在通电话的时候，提到了这本台历，他也看见了，很气愤。

后来我们两人就都各自把这台历扔垃圾箱了，很郁闷。

这不仅是对季老的亵渎，更是对北大清华、对学界的冒犯！

王如这么肆无忌惮，难道就没有人来管吗？她为什么能够入住清华园，动辄使用清华的汽车和司机呢？这给人们又带来一种迷惑性。

还没有来得及提醒师友们，我就接到了王如的电话，她说，在清华甲所为我安排了一个庆祝宴会。她的行动非常快，简直是饿虎扑食一般。

我的第一个反应是：不去。

我告诉李昕，李说，他也不去了。

可是，很快王如又来电话，说严家炎、谢冕先生他们都要来，已经从很远的地方动身了。我急忙打电话过去，家炎的夫人说"已经走了"。

王如盗用我的名义，把先生们请走。

我对李昕说"必须去了"。我临时通知了郭海，北大组织部部长。我请他去，有一种"见证"的意思，也为震慑王如。因为她离开北大后，很忌怕提起北大。

果然，王如一见郭海，十分震惊，连问"是谁叫来的？"

我说："是我的客人。你不说是我请客吗？你用我的名义请了那么多的人来，我请一个人来，怎么啦？"

那天，宴席上除了北大我的老师们，还有《光明日报》的几位老师。

在我与老师们相叙的时候，王如指挥她的摄影师对着我们肆无忌惮地拍照。后来我看到，在每一张照片上，她都成了中心人物。

老师们这么大的岁数，还为我深夜赶来，他们不知此中有凶险。

我在琢磨，怎么才能不让王如利用名人的企图得逞。

次日早上，我将登机返回昆明，李昕到宾馆大厅送我。

王如追来，送来了前一夜拍的照片，要我坐她的车去机场。

我拒绝了。

我告诉她，我不会再为她买的那些书签名。

还有，前一夜没有经过我们允许所摄的照片，她一律不得使用。

九洲文化中心经理王涛已经约好送我，因为堵车一时延误，终于赶到了。

我与李昕握手道别，径自上车。李昕也没有搭理王如。

王如说她要"尾随"，我说："别添堵了吧！"

回到昆明，我立即给理群兄、家炎师他们发了电子邮件，告诉他们，王如居心叵测。我已经正告她，不得使用我们的任何照片。

理群兄当即回信，赞同我的判断。

同时，我接到王如发来的短信，里面是一连串撒泼谩骂。

她知道，我对她下了"最后通牒"，如果她敢再盗用我们聚会的那些照片，我一定会来"硬的"，让她"肥皂泡破"。

我将王如的短信转发给李昕，他很惊异，怎么在北大清华的圈子里竟会有这样的人？自然，他不会再与之合作什么"季羡林手稿"了。

因为我的"新书发布会"，王如趁机插入所带来的这一拨拨后患，算是被我"快刀斩乱麻"地打住了。从这个过程中，我也明白了一点王如的手段。

从此，她不再与我联系。

而由"季羡林效应""唐僧肉"所引发的那些混乱，依然在遥远的北京发酵着。

善良的人们只能指望"恶有恶报，善有善报"。

有时我也在心里埋怨：先生啊先生，您为什么如此授权不明？瞧瞧这留下的一堆乱麻吧。

人到晚年，身边没有一个知心人。

季老太惨了！以这些人的品性、文化程度，岂能理解他？

他终日生活在内心巨大的孤寂中。

在这本书将完稿的时候，终于看见王如被判刑了，可是判的只是"盗窃文物"罪，还有她用"季羡林基金会"的名义欺世盗名所行的各种骗局呢？

在她犯罪的脚步下，乱象环生，难道不该清理清算？

她先是用北大的名义，在北大校园行骗。后来用清华的名义，到社会上到处诈骗，她开出去的车子都是清华的。

两大名校的庄严名义，就这样听任这个来历不明的人利用，蒙蔽众生。

这个后果，已经不仅仅是在侵害季羡林的私人空间。

两校的原则性、责任感何在？真是相当令人失望啊！

校园里这么多的"高知"精英，都忌讳"瓜田李下"，唯恐脏了鞋跟，不践泥地。对坏人先是"不屑一顾"，后来坏人势大，又开始害怕，于是装聋作哑，甚至连私底下的声音都没有了。

王如在社会上得逞这么多年，风声这么大，肆无忌惮，包裹着一身漂亮的外衣和"光环"。今天终于判刑，亦折射出很多东西。

这个社会的虚弱之症——贪、占、掠的人之恶性，以及好人的沉默，学界的"清高"，听任坏人摆布。

今日，写《为季羡林辩》，不辩亦得辩，不辩则亡！

一九九〇年，季羡林先生在书房

一九九一年，季羡林先生八十华诞庆祝会

一九九八年五月，北京大学百年校庆，老中青四代学人鸣钟致意

一九九九年年末，季羡林先生在台湾胡适先生墓前扫墓

北大东语系庆祝季羡林先生执教四十周年时，部分教师和校友合影

一九九九年十二月，季羡林先生访问台湾，与北大东方学系校友会台湾分会的校友合影

季羡林先生与心爱的猫

下 篇

一生真伪有谁知

七

批评者的背景与"乡愁"

国内学者所经历的曲折与辛酸，是难以对外人道的。而国内学者所承担的责任和那种"跌倒又爬起来"的弘毅精神，虽九死而不悔地推动着中国大地艰难前进，这种奉献与作用，则更是海外人所难以取代的。

在《留德十年》中，季羡林曾写道："我是一个有故乡和祖国的人。"

季羡林、任继愈二位先生去世不久，就传来了海外学者余英时先生的指责。

余英时不满意的原因，是季羡林被大陆人称为"大师"。

关于"季羡林是不是大师"，在知识界从来都不是值得讨论的话题。

那只是大众与媒体吸引眼球的勾当，不足为学界人所认真说道。

当代中国，"大师"满天飞舞，定义早已混淆。

大陆现在有没有像余所指的那样具有民国风范的大师呢？

学界文界，体制已改，时有"遗风"犹存。

而"遗风"能够延续多久？要看今后的体制是否有利于其养成。

余英时关于"大师"的评议与慨叹，是值得我们思考的。

但余的更多指责内容，则基于政治方面的原因。他是连同任继愈先生一起抨击的。

余说季羡林，"温家宝胡锦涛等人，对他敬礼有加"。

说任继愈"很早就变成毛很喜欢的一个私人顾问，常常让他去讲佛教"。

从而他指责季羡林、任继愈"没有骨头""后来没写什么东西""歌功颂德""民族主义"等。

这是不公正的，与季、任二位的人品业绩相违。

事实是，在那次谈话中，任继愈建议毛泽东成立新中国第一个宗教研究所。这有什么不对吗？

余英时先生还没有摆脱那种以"国共"划线的偏见。

他自己在访问大陆时，拜访了任继愈。任先生出国访问时，他又将任先生接到家中相待，这是学者的方式。

为何在别人逝世之后，又出了这"政治"的方式了呢？

这不是"双重人格"吗？

一位定居美国的史学界的北大学友曾对我说："那些海外的学者有什么资格来指责国内学者？"这令我感动。

彼此的生存资源已经完全不同。

国内学者所经历的曲折与辛酸，是难以对外人道的。而国内学者所承担的责任和那种"跌倒又爬起来"的弘毅精神，虽九死而不悔地推动着中国大地艰难前进，这种奉献与作用，则更是海外人所难以取代的。

季羡林在《留德十年》中说：

> 我在欧洲住了十年，瑞士、法国、德国等国的大世面我都见过，亲身经历过。

精通多国语言的他，表达自己时总是用中国的诗赋和典故。这是从他自己的血液与心海中自然流露的。这与那些喝了一点"洋墨水"就对同胞说英语，把外国话当口头禅的人，天差地别。

在《留德十年》中，季羡林说：

> 乡思并不是很舒服的事情。但是在这垂尽的五月天，当
> 自己心里填满了忧愁的时候，有这么一团十分浓烈的乡思压
> 在心头，令人感到痛苦，同时我却又有点爱惜这一点乡思，
> 欣赏这一点乡思。它使我想到：我是一个有故乡和祖国的人。

而余英时先生则称自己是"却从没有乡愁的感受，也不
为这种情绪所动"的人。

这与季羡林、任继愈先生性质、背景完全不同，也与胡
适、傅斯年先生不同质、不同格调。

一般人似乎没有太在意余英时的话，以为他只是基于国
共"改朝换代"的情绪之词，对大陆发出的牢骚。

而余英时自己也没有弄明白——宣称自己"没有乡愁"
的他已然失去了理解和评论上述学者的平台，不管他与他们
有多少私交。

因为，彼此的文化背景与生命依托失去了相通的依据。

这绝不是简单的"在中国大陆"还是"在中国台湾"，
或是"在美国"的问题。

这关系到一个文化灵魂背景的根本性问题。

在这里，我们不说"有没有评判资格"这种话。

现实是，余英时与陈寅恪先生的诗意诗境已经恍若隔世，

显然有"隔"。

余评陈诗的那本书，是吴宓的女儿吴学昭女士送与我的。扉页有题词，那本书是余送给她的。

在那本书里，余强行将陈寅恪先生说成是"遥望台湾"，其时台湾正处于最黑暗的专制年代，殷海光被投入监狱。陈先生不可能不知道国民党专制者的情况。

陈先生素来不看好蒋介石，曾说"看花愁近最高楼"，怎么又会变得对彼岸如此地相思起来呢？

最凄凉的，正是一位爱国学者的两难之境，无处可去。

余英时不顾事实、历史，毫不尊重诗人，如此任意解构其诗，令人难以忍受。将国共的政治对立强加于陈寅恪先生，那就是余英时本人的"乡愁"吧？

可是在某次获奖时，余英时却声称连这点"乡愁"都没有了。

那么他与中国文化和文化人已经没有什么纽带粘连。

而海外许多有识之士并不都如余英时先生这样，持一种"站在干岸上"的态度来对待国内知识分子，因为他们的心还在祖国。

前些年李政道博士回来，在北戴河受到当时国家最高领导人江泽民的接见。李博士当面进言，希望最高层更加重视国内科学家，因为"他们对国家的贡献更大"。

近读刘再复先生写的《师友纪事》，他并不因易其地而变其情怀，而是深情历数国内学界前辈的艰辛。漂泊流离，而心系母土，拳拳赤子也。

此种立场与态度，涉及人格修养，对历史的理解与责任感和对同类的敬重心。更深一层，则是对养育自己的土地怀着感恩之心。

去年，我的一位同年学友，在多种原因不能回国的岁月中，请同窗写下了"洛阳亲友如相问，一片冰心在玉壶"的旧句，表达出他永远在为着故土的兴衰思虑和心痛。

我时常会流露出对自己乡土的嘲笑，然而在离开了它的时候，当听到或看到这种"土气"，我的心会颤抖，眼会湿润。

凡醉心于文学者，乃是一个世界文化之旅中的香客。

令我沉醉与感动的那些异邦文化，大量是思乡的，比如这首叶赛宁的诗：

离开了生我的家

放下那天蓝色的罗斯

白桦林遮蔽的池塘上空那三颗星

温暖着母亲陈旧的忧伤

……

"乡愁"，这是一个文化符号，更是一个人性的符号。在世界级的文化领域中，无论是流亡还是被放逐，从肖邦到索尔仁尼琴,莫不以"乡愁"作为他们的人格支撑和文化支撑。

所以,在世界文化领域里,"没有乡愁"的余英时先生是一个特例,怪怪的,是"用特殊材料制成的人"。究竟是什么材料?不知道。

因为他可以"忘记"或者说"否认"他的"来路",不记得大陆与台湾。

季羡林曾经说过:"即使把我烧成灰,我也是爱国的。"

倘若把余先生"烧成灰",他爱什么呢?

我们一时无法评说他,他亦无从评说我们。

余英时对待他的生养之地和他的血脉同胞,可以持完全隔膜、不问死生不相往来的态度。他多年来对中国大陆所发生的一切都采取"一言蔽之"的态度。

即使只就纯然的社会研究而言,这样表态也说不过去。

大陆是中国绝大多数人的生存之地。大陆社会的起伏与进退,决定着大多数中国人的命运,决定着这个民族的命运。

中国古人说"夏虫不可以语冰"。因此,只能对余先生发出"夏虫"之叹了。

然而,不知从何日起,余英时却成为大陆某些人论事评文的"标杆"。

且不说其人之阅历人品是否厚重,襟怀思想是否深刻到足以理解大陆,就上面所提到的那些篡古为今,强"指鹿为马"的文风，令人实在不敢苟同。

此种思维，倘在大陆，多少动荡中，正不知要做出多少极端的事情来呢。

说到大陆昔日"运动"，我以为"反思"与"追究"是两回事。

这些年，我在做西南联大的史料抢救一事，时常有人对我讲，某位老先生在某次"运动"中如何。总之是不允许人犯过失，连天真的过失也不允许。

当我面对这些步入耄耋之年犹"未敢忘忧国"的老人，看见他们忆起少年壮志时的兴奋与惆怅，对眼前国情的焦虑，不由得自问：他们还有何罪？

我刚入北大时，曾邂逅一位忠厚的明史专家许大龄。他听说我在云南时曾遭受迫害，即满面愧色地对我赔罪，说他原来是"梁效"。那种无地自容的样子，仿佛是他要对中国大地的这些苦难负责。

许先生一直生活在沉痛中，终于早逝。

中国文界，罪莫大焉，莫过于当年"文化领袖"周扬了。可是他晚年的悲伤与自责，令人悲悯。

鲁迅说，千年"吃人"，罪在礼教。而这数十年的"整人"，罪之根源又在何处呢？

古人有洞察之言："钓者负鱼，鱼何负于钓？"

世界纪念托尔斯泰百年诞辰。托翁最伟大的思想，就是损害者与被损害者都可以得到复活。这是其他那些只是揭露罪恶的作家不可及的高度。

难道我们经历漫长黑夜的中国知识界，就不允许自己的同人"复活"吗？

如果没有一点托尔斯泰精神，恐怕很难打理我们这个受到重创的精神世界和文化山河。

我们成天说要爱人类，为什么连自己苦难的同人也不爱呢？

近来我常思，经历改革开放后多年的努力、启蒙，这么多殚精竭虑的前辈走了，文化垃圾弥漫，令我们这代人在"将退"之际有一种挫败感。很多次的历史机遇，就这样消耗丧失。

"麦田守望者"，继续成为我们这一代人的命运。

沉重的心，愈加地眷恋这沉重的大地。

最后一次见季羡林，是二○○九年四月。

我对他讲，我将去台湾，去寻访蒋梦麟、梅贻琦、胡适的踪迹，为他们扫墓。

季羡林向我讲起当年梅校长在清华的口头禅"大概""如果""也许是"。他重复地讲，神态茫然。

突然间，他提出："还有傅斯年。"

他的这位山东老乡，是以风骨耿直和保护青年闻名的。

季羡林最后的最深厚的感情是在校园，在清华和北大。

作者在新竹"清华大学"内的梅贻琦校长墓地。
季羡林、任继愈在最后的时光里所写的给梅贻琦、
胡适、傅斯年等的祭奠柬，作者一一送到台湾诸
位校长的墓地前

就在他辞世的那一年，九月，我首次登上台湾岛，将季
羡林与任继愈二位亲笔写下的祭奠柬一一送到诸位校长的墓
地前。

有的东西，看似柔弱，却连广宇透光阴，是民族的血脉。

季羡林、任继愈，他们生命的价值在于延续了这段血脉。

八

"温不增华,寒不改叶"

这旧时日记出版时，人家问他：是否要删除那些"谈性""谈女人"的内容？

此时，已经被社会尊为贤者，达到德高望重之极的季羡林回答说："要出就全出。"

审视季羡林的人生，我明白，为什么季羡林那么看重当年"米寿"时，我父亲写给他的那幅字："温不增华，寒不改叶。羡林先生寿比青松。一九九九己卯年秋月，学生张曼菱贺，托父代书。"

诸葛亮在《论交》中说的这两句话，正是季羡林执着的本性。

看似木讷，倔脾气，不审时度势，正是苍松一样的秉性，举世稀罕之品格。

先生在世时光，曾坦然出版他的《清华园日记》。

那天，我一进门，李玉洁就告诉我这件事，她的神情带着惊恐与钦佩。

季先生则在一旁表情淡淡的。

这旧时日记出版时，人家问他：是否要删除那些"谈性""谈女人"的内容？

那都是很露骨、很自我的欲望表述，例如：

"所谓看女子篮球者实在就是去看大腿。说真的，不然的话，谁还会去看呢？"

这种话在日记里反复说，不下三处。

"我今生没有别的希望，我只希望，能够多日几个女人，和各地方的女人接触。"

那是那个打倒禁欲主义时代的烙印，一个男子处于青春期时的狂言。

但在今天中国社会，完全可能遭到各种道学家的指责。

在这部日记里还时常出现粗话，表现出青年季羡林的桀骜不驯。

此时，已经被社会尊为贤者，达到德高望重之极的季羡林回答说："要出就全出。"

我接了一句"日记就是过去了的事，还改什么？要不就别出"。

先生露出笑容。

"温不增华，寒不改叶"，是说到季羡林心里去了。

就在同一个时间段里，由吴宓先生的女儿学昭女士主持出版的《吴宓日记》正在以轰动效应爆出。

这套日记无疑是一套重要的民国文化史料。

学昭女士将她所出版的吴先生的数本著作，赠予我，包括后来她与杨绛女士合作的那本书。

为拍摄吴宓日记的几页原稿，我去过她的家，看到她暮年伏案的顽强。

她也给我提供了一些有关西南联大的资料。我曾在《文学自由谈》著文《关于日记与灵魂的失落》，慨叹日记的"重返人间"。

但后来看到，行内人批评指出，出版的《吴宓日记》中不乏令人遗憾的"替尊者讳"的删节，例如与毛彦文的恋爱之事。

类似事情，屡屡发生。名人的家属们处理起文稿来，境界有差距。

倒是朱自清的日记，看来是没有经过这些加工的。

《朱自清全集》（日记编）里面有描写教授在家中开"派对"的文字。朱先生夸奖别人的太太跳舞优美，而自己的太太"舞姿不佳"。

记者在采访其子朱乔森的时候，问他："你母亲对这一段有什么反应吗？"

朱乔森答："我母亲从来不看我父亲的日记。"

听了这一句话，那位舞姿不美的朱太太顿时显得可爱。

这是一个知识分子的理想心态和家庭。这样独立的人品，当下还有吗？

在日记里，朱先生写了闻一多有一次带全家赴宴，孩子占据了首席，朱自己只能坐到次席上，对此感到不满。这些事情很平常，但却让我们感受到一种真实。

日记，是人的个性的容器，人有些细微感觉是属于自己的，要有个地方放置。

每个人都不可能完全地接受别人，即使是亲人、爱侣和密友。

汤因比说："个人内心的发展，经由外在的行动，才造成了人类社会的成长。"

日记正是对一个人发现内心、发展和积累自我人格的过程的记录，是一个与内心交流和审视的手段。

我自幼爱写日记，从童年与父亲的"离别诗"，到校园的不平事，和"文革"中对各种思潮疑虑的记录。及至下乡，依然孜孜不倦，记载读书心得和交往乐事。

然而到一九七六年四月，我因为纪念周总理而被"立案"，父亲将我的所有手抄本、日记凄然地埋葬于原野。

从此，我再无日记，也无书信保留。

近年来，我虽然恢复了写日记，但那已经近似于一种备忘录。心灵活动的迹象隐退了。这是一种精神上的消退，想恢复还很难，好像自己在逃避自己。

日记的精神要恢复，即使对个人，也很难了。

用日记作为"整人"的铁证，现在也许不至于，但写日记的心思却没有了。

最近又传出，在出版杨绛全集的过程中，有很多"修剪"的操作，"全集"已经不全，然而仍冠以"全集"之名。此对读者不诚也。

遍观当今中国，从个人史、党史到国史，不断有人篡改涂鸦，莫不是为了邀功避罪，欺世盗名。

而季羡林一介书生，不管什么盛名之下，坦然面对自己与社会。

"要出就全出"，何等顶天立地之言？谁敢？

世上最难的一个字是"真"。

宗教把"真我"树为菩提，认为到此境界即是"得道成佛"。

当年，他在清华时期写出狂野日记并不奇怪，难的是在经历"文革"洗劫之后，在世风媚俗江河日下的今天，先生不自树"菩提"，就是给人"菩提"。

"宁拙勿巧"，拙大于巧。

怎么做人、做史、做学问，尽在其中。

日记精神，源于一种"在齐太史简，在晋董狐笔"的史家真谛。

日记精神，体现西风渐进的吹拂。昔卢梭以《忏悔录》坦然展现他的并非光彩的私生活，无疑是《社会契约论》后的又一贡献，教人们走向真实的自我与人性。这是文艺复兴的一个重大内容。

在这个满目"掩饰"的时代，一个日记精神与灵魂消亡的时代，季羡林坦然出版未删节的《清华园日记》，处于他的高度上，应该是昭示一种对史实和灵魂的回归。

凡看过青年季羡林照片的人，都会为之一震。其相貌英挺，气质睿智，傲然自负。

季羡林出身贫寒，却有伟岸的身姿。此种敢"冒天下之大不韪"的不修不饰风范，难道不足以垂范学界吗？

民间有一句俗语叫"一俊遮百丑"。季羡林有此"一俊"，使他从这一代儒雅之士中脱颖而出了。

有人说，季羡林、任继愈是相约着走的。

一个对另一个说："走吧，可以了。"

媒体对他们仙逝的有关报道，基本维持平衡，但季先生的"题外话"更多一些。

我两度到八宝山去送行，景况各异，感触良多。

季羡林的告别仪式人潮汹涌，如赶庙会，几无肃穆。

任继愈的灵前告别那天，早晨大雨，人们被淋湿，神态黯然。来人都是学院、研究所、图书馆这几个圈子的，规模得体。

可以感觉出，任先生扎下的根子很深，在学界是根深蒂固的。

季先生的事情已经失控。而任先生的告别仪式井然有序，一切按规矩来。

这个问题出在根子上。

季羡林不幸，与他相依为命的妻子、女儿、女婿几乎在一年内辞世。孤苦的老人与儿子长期不往来。

所以，在被推举到社会上去之后，没有"防波堤"，挡不住这世风日下的冲击。长年封闭的校园生涯，也使他无力分辨正邪之徒。

任先生曾对我说："'文革'带来的社会道德溃败，将要延续很长一个历史时期。"

有一次，一位高官要我带他登门访问任先生，我请示先生，他一面说"你凡是到北京来，你就自己到家里来吧。其他的人，不要带来"，一面摇摇手。

这样的界限，季羡林在走出学校后却完全失控了。突然间他就变成了人山人海中的偶像，有点"来者不拒"的意思。

任先生与季先生都对我说过"做好事会有好报"的话。但任先生是有分析的，对具体人绝不含糊。而季先生对人是盲目信任，他甚至企图感化社会。

任先生曾经严厉地告诉我："你不要带学生，一两个人就把你捆住了。你就保持现在这样，干自己愿意干的事情，多写东西。"

这个教导对我很重要，使我注重自己的精力投向。

有一次，我告诉他，我去三○一医院，刚探望了季先生。

任先生告诉我，他上周也去了，"不让进去，没有见到"。

我听了非常郁闷，感觉事情已经糟糕到了不能再糟的地步。

任继愈先生称我为"入室弟子"，三里河是我每赴北京必至之地。

在当今世上，人与人之间，最难的是"有话题"。有的人也"有话题"，但"话不投机半句多"。而任先生与我却天然地"有话题"。

任先生之子任重说："他喜欢和你聊天，你们的思想是一样的。"

事前并不准备任何话题，只是告诉任先生，我某日到京。

先生说："那你下午来吧。"

一坐下，茶还没有酌上，话题就自己来了，自然而然。

任继愈对社会的关注非常广泛，他曾经对我说过，当年在蒙自时，他观察到当地洋行与商铺的关系。

任先生与我谈到的诸多话题，早已经超越了宗教与哲学。

他喜欢我野性十足，到处"跨界"。他也和季先生一样，称我为"小友"。

与任先生深谈，在他的家中，幽幽然，四围只是"国图"的特制大书柜。先生坐在一把藤椅上，没有人来打扰我们。

观任先生的著述，全是哲学与宗教的专业书。我以为，先生对社会历史的思考非常精辟，也应该出书。但他身担编辑大书的要职，没有时间来执笔了。

有一阵子，我盘算，在任先生家附近弄个临时住处，好随时过来与先生聊。

我想写一本类似狄德罗弟子所著的"谈话录"。

先生欣然同意。可是后来，其夫人冯先生过世了。一时搁置，永恒遗憾。

二〇〇七年秋天，三校在清华大学举办了纪念"西南联大建校七十周年"的盛会。我应邀来京。

前一天，在任继愈先生家，先生将他自己当年所佩戴的两枚西南联大校徽送给了我。

他说："给你最合适。你对西南联大感情最深。"

那一年，院中玉兰花盛开，记得以紫玉兰居多。

我与任、冯二先生在花下拍照，却因为我不懂那个太复杂的高级相机，照片没了。

任先生一笑，说："没关系，我们已经赏过花，也很高兴。年年都会开。"

最近几天，"国图"正在纪念任继愈先生，主持人说"任先生是新中国的历史见证人"。我认为这个说法还不到位。

任继愈出身山东将门之家，其父景仰韩愈，故为他取名为"继愈"。任继愈对历史的"见证"，可以说从他的家世就开始了。

他的切身体验起始于抗日战争时长沙临时大学的步行团。徒步三千里，在战争的烽火中，走过尚未被日本占领的，然而也是最贫瘠的国土。

他见识了最下层的人民。先生对我说："他们再苦，也不愿意当亡国奴。"

在那次民间考察中，他选定了终身志向，研究中国哲学史。他深信，中国的文化在民间。他告诉我，此前，他关注的是西方哲学史。

我认为，任先生最了不起的一点，就是将"形而上"自然地连接"地气"。

任先生曾经对我说过，新中国成立之初最大的弊端来源于"小农治国"。以治理一片不发达的西部地区之经验，执政全中国，于是将许多发展得好的东西都倒逼回去了。

季羡林先生与我所谈，则以古籍、古典、古诗为据，对现实社会则有很多空白。他喜欢用宗教的"听其自然"来自解。

这种区别，可能与他们学术的范畴有关系。任先生研究"三教"，注重历史流变，而季专注于考据工作，如追溯"糖的起源"之类。

但最根本的，我以为还是"见世面"的区别。任先生见的世面大，从小时候到青少年，与毛泽东讨论过宗教，执掌"国图"，都是"大格局"。

季先生囿于校园和他的"冷门"专业。

国家图书馆的场面与校园内一个东语系，那是天渊之别。

他们之间还暗含着北大底蕴与清华学风的分野。

北大是自命承担天下的，凡天下事都与北大人相关；而清华则注重专业精神。

任先生气度优雅，柔中带刚，德之所被，口碑馨香，一生可为人之楷模。

"国图"为任继愈编撰了一本纪念集，我曾为先生撰文《人淡如菊是吾师》。

任先生与季先生，他们都是山东人。在相处中，我感受到，他们都有那种不弃不移的性格。

二位有很多相似的地方：耿直、真诚，看大格局、有担当。

不避不让、不饰不做，对自己、对国家与历史的信任感，不屈不移。

在信念与人格的本质上，他们大同小异。

而且他们二位关系亲密。任先生的女儿任远就曾在季羡林的研究生班里学习，她对我说过："我也是季羡林的弟子。"

校园内的人知道，季羡林与金克木长期不和。金克木先生亦是东语系的一名元老，个性活泼多才。季羡林的位置是系主任，同人不和，他的责任更大。

季先生在人际方面不擅长，在性格修养上确有偏颇。

但季羡林的这种不通融、不圆润，也造就了他一副"死扛"的脾气。

别人不说的话，他敢说，带着脾气说，直言不讳。

面对江泽民亲切的问候，季老直接就说："现在社会上重工轻理更轻文，后患无穷。"

这不是临阵发挥，这是长年对国家发展偏向的忧虑。

早在他的《留德十年》里就有这么一段："官费留学呢，当时只送理工科学生，社会科学受到歧视。今天歧视社会科学，源远流长，我们社会科学者运交华盖，只好怨我们命苦了。"

季先生是在最初出去留学的时候就有此体会了。当时只有数理化的学生被公派出国。季先生能够出去，是借助于清华冯友兰先生运作而达成的一个机会。

当年之叹，只为文科学子，如今却是为了国家忧患。

奈何别人听起来有点像是"杞人忧天"。

当年时任副总理的李岚清来给先生拜年，说："向知识分子问好。"

季羡林却说道："中国知识分子好啊，'价廉物美'。"

我知道你来干啥的。你来"看望"我，我也不会忘记我是谁，你是谁。

如此对话，难道不正是"温不增华"的苍劲本色吗？

季羡林以八十岁高龄活跃在北大这个大舞台，使那些幕后的话和悄悄话，变成在国家领导人面前的直言。

季先生逝世后，我在北京听到一些小圈子里的评说。

大众认识的只是媒体上的季羡林。我本以为，小圈子里的人才真正切近季羡林的今昔。所以我很关注。

但令人失望的是，文人小圈子有太多的相妒与相轻之情，少悲悯之心。所谓高雅者，其心世俗，羡慕外表的光鲜，有攀比心理，对同类缺乏怜悯之心，可谓浅薄，类于市井。

有一种说法，是拿季羡林与钱锺书先生相比较。

有人说，钱先生一生不近官场，临终拒绝媒体采访，而季先生却如此风光热闹，频频发言示众，有失学者风范。

季羡林与钱锺书在人生与人格的形成上面，确实有极大的不同与反差。

季先生的起点、家学、家境，以及成才过程，都不能与钱先生相比。一个是贫寒人家，孤儿寄养，另一个是名门望族，世家才子。

季羡林曾在回忆录中写道：

> 可是到了我出生的时候，祖父母双亡，家道中落，形同贫农。父亲亲兄弟三人，无怙无恃，孤苦伶仃，一个送了人，剩下的两个也是食不果腹，衣不蔽体，饿得到枣林里去拣落到地上的干枣来吃。

这个起点和成长过程的巨大反差，决定了季先生的眼界、魄力和自由度，从学问到生活，季先生由于先天的单薄、偏狭，容易被人利用、驱使，远不如钱先生的成熟、理智、谋略和善于成就与保全自己。

在中国，没有几个人能与钱先生的优越家世与成才环境相比。

门第家世是谁也无法选择的。重要的是，这个人从这个起点出发之后，他是如何超越局限，如何与理想比肩，如何成为巨人，"为天下扛起一点什么"。

季羡林的阅历，展示了民国教育"有教无类"的积极面，一个山东的孤儿，凭着优异成绩考入了清华大学。

季羡林的"底气"，还向我们展现了民国时代，那散布于民间的国学与教育氛围。他的养父是一位民间学者，为季羡林的童蒙选择了最经典的课目。

这样一个贫寒子弟，获得陈寅恪先生之青睐，在那个时代并非个例。

季羡林的特色是睿智。他迅速地在清华找到自己的天地，有了自己的类朋，与林庚等在当年并称清华"三剑客"。这个飞跃在清华园内完成了。所以他后来对留学毫不犹豫。他深知，机会对于平民子弟是一去不复返的。

历史也证明了，他别无选择，必须于当时去德国。否则，再无深造更无领先的机会。

虽然离别家庭使他心事重重，但他毅然决然。这也使他能够忍受当时德国的环境，别有洞天地开辟自己关于东方文化的研究。季羡林是逆境中猛进的勇者。

所以，比之养尊处优的钱锺书，季羡林的道路则提供了更多、更广泛的学术成长体验。

比之"顺理成章"地成为学者精英的世家子弟，季羡林有如劲草，历尽坎坷，磨砺风骨，备尝人间冷暖，而能对众生生出"担当"之心，有兼济天下的责任感。

因为他人生的幅度太大，落差悬殊，所以他塑造自己的空间更大，更能够不拘一格。这也是他具有锐眼、能于草莽中识英雄的原因。

大一的时候，我曾写信给钱先生，谈《管锥编》。

我收到了钱先生的亲笔信。信中说"你已大悟大彻"，并邀请我到三里河他的家中谈谈。

钱先生的学问太大，令我不敢草率。我想，得拿出一篇有关《管锥编》的文章来，才敢上门。后来我忙于小说创作，未结此缘。

钱先生仙逝，我曾在家摆香案一送。

"大隐隐于市"，钱锺书生前的确是避尽虚荣，不愿受人利用，尤其避讳媒体与官场。其可贵之处，在于他并不加以选择，而是"一概不予理睬"。

他的身后留下巨大空白，犹如国画与书法中的"飞白"，这是含有深度的内涵的。可叹，其家人不能理解这片空白的可贵情操，反其道而行之。

钱锺书避世，有几方面的内涵。

第一个内涵，是钱先生蔑视世俗喧嚣，不愿意自己被当作"炒作"对象。而对我这个读过他的书的大学生，他却热情邀约上门。这是清高的内涵，也是书香的内涵。

另一个内涵，却甚复杂。这就是看穿了政治对学界的利用，所以希望保护自己获得一种中立的空间。不占人势，不受其害。"独善其身"是明智的选择，也是文化的选择。这也是一般本色学人的愿望。

最后一个内涵，恕我言之不恭了。这就是钱先生放弃了作为一个大知识分子、一位著名学者对整个社会公义的担当，也许要因此承受后果付出代价。而那些为此付出的著名知识分子，例如我北大副校长马寅初先生，则永远成为高标。

在社会的重大事件和公理立场上，选择沉默，不值得表扬与提倡。

中国自古以来，为士者都主张"争鸣"。

"不平则鸣"，这是道义与品质的特征。胡适与鲁迅有诸多不同，然而他们也都反对"沉默"，各有名言传世以警世，就不赘述了。

中国当代社会，虽不敢说是"为言者所推动"，但改革开放社会整体的进步，实起源于"实践是检验真理的唯一标准"之大讨论。

先人功德，我辈岂敢忘怀？今天的人们都在分享这个开放的大好时光，又怎么能够忘记和抹杀那些敢于扭转时代，创造全新中国的中流砥柱呢？

为了推动中国这个沉重的历史车轮，多少可敬的老者，还有我的同侪，实现了"我以我血荐轩辕"的崇高信念。永远激励着我，不甘沉沦。

当思想与现实的巨大冲突发生了一次次的伤害，使学界很多优秀心灵远离尘世之争。渴求宁静，人们不再习惯于正面去交锋。

但季羡林没有选择低调，他以耄耋高龄"百年多病独登台"。

这种差异，细思之，其实，是很多有价值的人已经比他更虚弱了。

他很早就写好了《牛棚杂忆》，后来，在北大百年校庆时，将它推出。

对"文革"的探究迫在眉睫，不能让我们的子孙后代脑子里一片空白。如果我们自己不面对，难道把我们的历史与后人交给外国人去研究、去引导？

在《牛棚杂忆》中，季羡林说："我们既不研究（指'文革'史研究），'礼失而求诸野'，外国人就来研究，其中有善意的，抱着科学的实事求是的态度，说一些真话，不管是否说到点子上，反正说真话比说谎话强。"

那些瞧不起季羡林的人，他们有如季羡林这样严肃地回忆历史与剖析自己吗？他们有此担当吗？

他们有过自省和愧疚吗？

这让我想起钱锺书与西南联大的一段纠葛。

钱锺书开学时没能准时到校，影响教学，是事实，因此被西南联大"请辞"，梅校长来电文之事，杨绛先生曾撰文为之辩解，但钱锺书确实从此离开了西南联大。如果要知道真相，那么当年西南联大的档案至今仍保存在北大档案馆，那里面有所有教授会议的实录。

钱锺书后来却写了小说《围城》，里面全是丑角人物，天天玩心眼儿"算计别人"和"追女人"，看不到一点战时大学的骨气与正义，看不到日寇侵占家国时师生的愤怒与抵抗。

在我访问西南联大老校友的过程中，谈及此事他们无一不感到气愤，认为《围城》是对西南联大的丑化之作。就是其他的战时大学，也有着惨淡抗战的状态，何至于如此龌龊！

作为一个西南联大的研究者，我对《围城》是颇有看法的。任何作品，首先是要讲良知。抗战期间最大的良知，就是抗日，就是在日寇亡我时，保存文化命脉。不管这部小说语言如何机智，不管小说改编成的电视剧里演员如何有造诣，这都是一部有悖历史和民族道义的不公正之作。

还有的人，身受"文革"之害，近年来却专门迎合世俗之好，写起"民国"来，云淡风轻，自谓"名士名媛"，无视民国的混乱和百姓疾苦。

写"文革"，则假装潇洒，避重就轻，淡如游戏。这是在用文化来"愚下媚上"，是对新时代的犯罪。

现在已经不是"前三十年"的压抑时期，时代开放了，有识之士都在抓紧时光为社会补课，做启蒙工作。

而作为资深学人，经历过国难与家难的一代人，在早年采取沉默态度，尚可体谅；可是在最后的生命中，却去写一些不负责任、无视国家的"美文""软文"，借以取媚于世，让人无法理解。

其实这类玩意儿并无"新创意"，这正是今日在台湾风靡的令青年人丧志的所谓"小确幸"的人生观，就是宣扬"小小的"个人的一家一室的幸福安宁，而舍弃家国之责任，没有宏观的胸怀。

这是对未来"失去信心"的一种苟活，有什么值得炫耀和渲染的呢？

媒体跟风，网络媚俗，凭借着小市民层面的普遍心理而"走红"。

再回头来看看季羡林那种分量实在、不饰不遮的回忆文字，写出了民国的民不聊生，也写出"文革"的文化惨痛。他不假装悠游自在。

他的笔下，带着血泪与泥土。这是文章品格，更是做人的品格。这是具有历史与人文价值的文字。

他一直在忧虑"追究'文革'史"这件事情会被整个社会延误：

> 我日日盼，月月盼，年年盼，然而到头来却是失望，没有人肯动笔写一写，或者口述让别人写。我心里十分不解，万分担忧。这场空前的灾难，若不留下点记述，则我们的子孙将不会从中吸取应有的教训。将来气候一旦适合，还会有人发疯，干出同样残暴的蠢事。这是多么可怕的事情啊！今天的青年人，你若同他们谈十年浩劫的灾难，他们往往吃惊地又疑惑地瞪大眼睛，样子是不相信，天底下竟能有这样匪夷所思的事情。他们大概以为我在说谎。

季羡林的担忧，现在已经被证实。我们的后代已经有人在盲目地怀念那个时代。

我遇见过一位大学生，她就问我："听说'文革'时没有小偷和妓女，那不是很好吗？"

这真是令我语塞了，郁闷、忧虑。

"可是，时间已经到了一九九二年。许多当年被迫害的人已经如深秋的树叶，渐趋凋零；因为这一批人年纪老的多，宇宙间生生死死的规律是无法抗御的。而我自己也已垂垂老矣。

"就这样，在反反复复考虑之后，我下定决心，自己来写。

"'曾经沧海难为水'，我现在什么都不怕。"

如季羡林书中所言，许多比他能写、比他著名、比他更受迫害的人都沉默了。这时候他拔剑而起。

这样的贡献，是基础性的贡献，更大于之后那些具有高明见地的贡献。

季羡林写道："巴老为什么以老迈龙钟之身，呕心沥血来写《随想录》呢？对广大的中国老、中、青知识分子来说，我想借用一句曾一度流行的、我似非懂又似懂得的话：爱国没商量。"

"到了今年，一九九八年，《牛棚杂忆》终于出版问世……我觉得，我总算为中华民族的后世子孙做了一件好事。我又有了新的期待，我期待还能有问津者。"

百年校庆日，季羡林举办讲座，宣讲蔡元培"兼容并包"的北大精髓。

结束时，他说，东方文化确定了大自然为"人之本"，而不是"人"为大自然之本。在世纪末的今天，将重新证明东方哲学的伟大智慧。

我走上台去，把从昆明带来的一束黄玫瑰送给他。

因为玫瑰有刺，我事先用纱布缠绕在手握的枝干上。

曾经有一位年轻"俊杰"用文字把北大的老先生们一个个拎出来贬斥一通，说这个的散文不行，那个的讲话如何，意思是"北大导师不过如此"。

事实证明，写此类"灵性散文"的年轻人，他不了解中国和北大走过的那些沉重的道路。身在校园，他并不知道这里驶过了怎样的惊涛骇浪！

他更不明白，是谁坚守在北大？是谁坚守在中国的思想阵地上，又付出了怎样的代价？

后来的事实证明，这类轻浮学子，当献身之刻轮到他的时候，他只能是对外投靠，丧失气节。

季羡林冲破知识界习惯性的沉默与隐忍，实践了"宁鸣而死，不默而生"的知识分子天职。

季羡林的独特价值，我以为，那些与他同代的学者是最心知肚明的。

大学精神，贵在自由与独立。一切学术，必以此为根基。

季羡林身为最高学府北京大学教授，作为风骨旌世的史学家陈寅恪的弟子，作为"五四"先驱胡适的秘书，在残酷尖锐的现实中，他没有后退畏缩，没有含糊不清。

他衰驱如铁，耿洁似莲，傲然卓立，不愧为一代宗师之表，亦为中华民族知识分子的风骨立碑。

历史将证明，北大选择了季羡林，推荐给"上面"作为"社会楷模"，是懂得季先生的价值的，是恪守了北大百年传统精神的。

二〇一四年春天，在三联书店举办的《北大回忆》一书研讨会上，陈四益先生对季羡林有一段经典的评论："记得当年章太炎先生逝世时也是人言籍籍，但鲁迅在回忆太炎先生时说：'考其生平，以大勋章作扇坠，临总统府之门，大诟袁世凯的包藏祸心者，并世无第二人；七被追捕，三入牢门，而革命之志，终不屈挠者，并世亦无第二人；这才是先哲的精神，后世的楷模。"

把这段话用在季羡林的身上，有可依的事实。

季羡林在中国历史关头做出的选择和壮举，"世无第二人"。

九

"为自己不是右派而愧疚"
的人品与宿命苦酒

季羡林曾说过："为自己不是右派而愧疚。"

在《牛棚杂忆》中，季羡林直白地表白道："当中华民族的优秀儿女把脑袋挂在裤腰带上，浴血奋战，壮烈牺牲的时候，我却躲在万里之外的异邦，在追求自己的名山事业。天下可耻事宁有过于此者乎？我觉得无比地羞耻。"

"我当时时发奇想，我希望时间之轮倒拨回去，拨回到战争年代，给我一个机会，让我立功赎罪。"

二〇一三年春，我与三联书店编辑叶彤应邀去邵燕祥先生家，把酒论文章。

那天，邵先生详细对我的《北大回忆》做了评说。

那天还有一些闲聊，也很重要。

原来，燕祥先生伉俪都熟悉我的作品，从《青春祭》就开始了。

有一年，他们二位到水库边上小住，还专门带着《西南联大启示录》去看。

他和我谈起发表在香港《明报月刊》上的那篇文章《季羡林——追念与思考》。

"老秘对季是有真情的。"说到这里，他抹了一下眼角，那里有依稀的泪花。

邵先生对李玉洁是尊重的。虽然她是一个没有名分的，后来也担了很多"不是"的志愿者。这很令我感动。在这个世上，真情，难得。

我说，关于季先生的内心情感世界，自己还有一些见解，没有写进去。因为写那篇文章时，想先把大节澄清了要紧。

例如：季先生逝世后，小报上有人妄议他对婚姻的态度。

有说他对家庭妻子无情的；也有说他软弱无能，不能毅然了断包办婚姻。

总之，两种截然相反的批评，说明这些言者之肤浅。

有秋水著文《季羡林：一个自我压抑者不幸福的人生》，贬斥季先生的学术与人生，并将其"罪"归于他对于旧式婚姻的容忍，下结论说季"软弱""暮气""不会爱人"。

秋水之辈，对季羡林他们整整一代知识分子艰辛生存、执着于学问、恪守正义的苦难经历，对中国社会的"前三十年"，缺乏基本的常识。

季羡林之子季承撰书回忆其父，提供了其家庭生活的具体细节与画面：夫妻不睦，父子失和，亲情荒废已久。

走下神坛，事出必然。客观上，季承的这本书也促使人们对季羡林的精神世界进行更深一步的了解与分析。

但这本书一出，社会上对季羡林的负面评价递增。

季家父子，长期情感隔绝。我认为，季承写书的原因，正是想解释这种隔绝。但因为除了家庭内的生活，彼此很少沟通，父子间并不真正了解对方的内心世界和格局。因此，只凭他这本书，不足以对季羡林的历史品格定位。

季羡林是从"凡响"中走来的，家世方面没有什么"起点"。

在他的回忆里，童年愿望就是"能吃饱"。他被送到别人家里收养，失却亲情，养成他内向、谨慎、拘束的性格。

当养父母为他订婚时，他虽然喜欢的是对方的妹妹，却不能反抗，遂与比自己年长的妻子成婚。这出于"感恩"和别无选择。

考入清华，季羡林初露头角，成为少年才俊。

看他当年的清华日记，沐浴于五四新文化运动后的春风，这位从普通百姓人家考出来的"学霸"，想的都是如何发挥聪明才智，如何选择进学方向与老师，还有如何能够放纵快活地度过一生。他曾坦承，希望与最多的女子邂逅。

如果没有出国留学，被战争隔绝于欧洲十年的经历，季羡林对待他的包办婚姻，或许会有另外处理的自由。

然而因"留学"，造成他在抗日战争年代"去国抛亲"，而令其对家与国终生抱愧。

他的人生，基调是悲苦的，是令他不能忘怀与改头换面的。在《留德十年》中，季羡林回忆道：

> 我在清华名义上主修德文，成绩四年全优（这其实是名不副实的），我一报名，立即通过。但是，我的困难也是明摆着的：家庭经济濒于破产，而且亲老子幼。我一走，全家生活靠什么来维持呢？我面对的都是切切实实的现实困难，在狂喜之余，不由得又忧心如焚了。
>
> ……
>
> 出我意料之外，我得到了我叔父和全家的支持。他们对我说：我们咬咬牙，过上两年紧日子；只要饿不死，就能迎来胜利的曙光，为祖宗门楣增辉。

这是离家的过程，亲人与自己俱在风雨飘摇中。而一家人又对他的"出国镀金"满怀期望，并愿意付出等待和忍受苦难——

　　我终于在一九三五年八月一日离开了家。我留下的是一个破败的家，老亲、少妻、年幼子女。这样一个家和我这一群亲人，他们的命运谁也不知道，正如我自己的命运一样。生离死别，古今同悲。江文通说："黯然销魂者，唯别而已矣。"他又说："割慈忍爱，离邦去里，沥泣共诀，抆血相视。"我从前读《别赋》时，只是欣赏它的文采。然而今天自己竟成了赋中人。此情此景实不足为外人道也。

　　临离家时，我思绪万端。叔父、婶母、德华（妻子），女儿婉如牵着德华的手，才出生几个月的延宗酣睡在母亲怀中，都送我到大门口。娇女、幼子，还不知道什么叫离别，也许还觉得好玩。双亲和德华是完全理解的。我眼里含着泪，硬把大量的眼泪压在肚子里，没有敢再看他们一眼——我相信，他们眼里也一定噙着泪珠，扭头上了马车，只有大门楼上残砖败瓦的影子在我眼前一闪。

在一家老少最需要他的苦难时段里，他为求学离开亲人，这是他永远的愧疚，必须用行为来填补，才能使自己的良心达到平衡。

邵先生同意我的分析，并赞许我道："你对季先生感情很深，故能体会得出。"

邵燕祥先生告诉我，季羡林曾说过："为自己不是右派而愧疚。"

季理解右派的价值和命运。他当年没有如别人那样直言而获罪，所以还能平安地过日子。

关于右派的自责，只是一种知识分子道义上的"形而上"，并没有涉及实际人生，涉及个人责任和亲情的亏欠，涉及对家国的空白。

须知"家国"在老一辈学人的心中有极重的分量。

所以我判断，季羡林之所以没有离婚，一直维持那个包办的结合，骨子里的原因是：他在抗战八年中离开了祖国。因此他对于家人和妻子德华有沉重的愧疚之心——

> 此时，我已经通过陈寅恪先生的介绍，胡适之先生、傅斯年先生和汤用彤先生的同意，到北大来工作。我写信给在英国剑桥大学任教的哥廷根旧友夏伦教授，谢绝了剑桥之聘，决定不再回欧洲。同家里也取得了联系，寄了一些钱回家。我感激叔父和婶母，以及我的妻子彭德华，他们经过千辛万苦，努力苦撑了十一年，我们这个家才得以完整安康地留了下来。

他还想到，母亲的坟头，会长满荒草：

> 我不但不能回到故乡去，而且带了一颗饱受压迫的心，不能得到家庭的谅解，跑到几万里外的地方去漂泊。一年、二年，谁又知道几年才能再回到这故国来呢？让母亲一个人

凄清地躺在故乡的地下，忍受着寂寞的袭击，上面是萋萋的秋草。在白杨欷欷中，淡月朦胧里，我知道母亲会借了星星的微光到各处去找她的儿子；借了西风听取她儿子的信息。然而所找到的只是更深的凄清与寂寞，西风也只带给她迷离的梦。

这是季羡林少有的抒情文字，少见的浪漫呈现。意境之美，亲情之真，诉尽儿女对母亲的歉疚深情。这种清冷的美感，有点鲁迅的味道。

在这个清华才子、留德俊杰和北大教授的人生中，曾经出现过机遇与倾慕者，有很多环节可以改变他自己的婚姻状况。

在季羡林的书房里，我看到书柜的玻璃门内新增一个小镜框，位置与他的小孙子的照片不远。那是一个异国老妇人的照片。

李玉洁告诉我，有好事者依照着《留德十年》一书，造访了季羡林当年的房东家，找到那位当年曾为他打字的女郎伊姆加德，她竟然终身未嫁，保留着为季羡林打过字的那台打字机和他们一起坐过的家具。

在这些字句间藏着季羡林的异国之恋：

留恋就让它留恋吧！但是留恋毕竟是有限期的。我是一个有国有家有父母有妻子的人，是我要走的时候了。……

我那真正的故乡向我招手了。

我忽然想起了唐代诗人刘皂的《旅次朔方》那一首诗：

　　　客舍并州数十霜，

　　　归心日夜忆咸阳。

　　　无端又度桑乾水，

　　　却望并州是故乡。

别了，我的第二故乡哥廷根！

……

她今天晚上特别活泼可爱，我真有点舍不得离开她。但又有什么办法呢？像我这样一个人，不配爱她这样一个美丽的女孩子。

说我不想她，那不是真话。

舍去这样两情相悦的关系和西方优裕的学者生活，回到国内困守自己的旧式婚姻，这种行为对于一个留洋十年的潇洒才子，在那个年代是罕见的。因为那是一个开放的年代，知识界的人们都讲究个性与自由。

这也与他青年时代在《清华园日记》里面表述的愿望大相径庭，他没有再去追求那种性方面的新奇与经历。

这对于他甚至是一种人生观的转变。他决心要用自己的下半个人生来完成趋于完美的人生价值取向。这就是，肩负起一个中国人的担子。

然而，在格局上的承受并不意味着他心灵的屈服，于是纠结的家庭长期以来酝酿了漫长的隐患。

季羡林在劫难逃。一杯命中注定的苦酒已经酿好。

在他漫长的一生中，有过感情纠结，各种内外的压力，而支撑季羡林将这个不幸福也不舒服的家庭维持下来的，我认为这里头有一种感恩的力量和一份对历史愧疚的心情。

这种行为方式和道德观，今天的人显然不能接受也没有必要延续。但它对于季羡林而言，却是宿命的选择。

季羡林的青年与中年俱在民国时期度过。那个时代的文人，高层知识分子在婚姻恋爱中常处于多角。抛弃旧人，恐怕不仁；束缚自己，则感不公。放荡如郭沫若、郁达夫，随处情爱；而严谨如鲁迅、胡适，虽维系婚姻，亦有情爱对象。

季羡林与他们比之，宅心更仁厚，牺牲自己更大，压抑更深。

一九四一年二月十九日，季羡林通过了所有的博士考试，得了四个优秀。在《留德十年》中，他写道：

> 我没有给中国人丢脸，可以告慰我亲爱的祖国，也可以告慰母亲在天之灵了。……

> 现在多年的夙愿终于实现了，我立即又想到自己的国和家。山川信美非吾土，漂泊天涯胡不归。适逢一九四二年德国政府承认了南京汉奸汪记政府，国民党政府的公使馆被迫

撤离，撤到瑞士去。我经过仔细考虑，决定离开德国，先到瑞士去，从那里再设法回国。……

德国法西斯政府承认了伪汪政府，这就影响到我们中国留学生的居留问题：护照到了期，到哪里去请求延长呢？这个护照算是哪一个国家的使馆签发的呢？这是一个事关重大又亟待解决的问题。

经过与几个留在哥廷根的留学生严肃地商议，他们决定到警察局去宣布自己为"无国籍者"。按照国际法这是可以的。从此他们成为没有国家政府保护的人。但只能是这样，他们保住了自己作为一个中国人在二战中的底线，不与"汪记政府"发生关系。这就是季羡林反复强调的"事关重大"与"严肃"的关键。

季羡林后来评价冯友兰："大节不亏，晚节保住。"可见"节"是他对人生的最高判断标准。

他内心中永远没有原谅自己在战时没有回国的事实：

此时，我同家里早已断了书信。祖国抗日战争的情况也几乎完全不清楚。偶尔从德国方面听到一点消息，由于日本是德国盟国，也是全部谎言。杜甫的诗说"烽火连三月，家书抵万金"；我想把它改成"烽火连八岁，家书抵亿金"，这样才真能符合我的情况。

日日夜夜，不知道有多少事情揪住了我的心。祖国是什么样子了？家里又怎样了？叔父年事已高，家里的经济来源何在？婶母操持这样一个家，也够她受的。德华带着两个孩子，日子不知是怎样过的？他们大概知道，自己有一个爸爸在很远很远的地方。

有一次，他忽然发现自己住的院子里开着海棠花：

我的祖国正在苦难中，我是多么想看到它啊！把祖国召唤到我眼前来的，似乎就是这海棠花。我应该感激它才是。

生活在战争中的敌国，他内心充满压抑与痛苦，患上了失眠症：

到了又一个礼拜日二十九日，广播却突如其来地活泼，一个早晨就播送了八个"特别广播"：德军已经在苏联境内长驱直入，势如破竹，一个"特别广播"报告一个重大胜利。一直表现淡漠的德国人，震动起来了，他们如疯似地，山呼"万岁"。而我则气得内心暴跳如雷。一听特别广播，神经就极度紧张，浑身发抖，没有办法，就用双手堵住耳朵……

那一段离开患难中的祖国的经历，给予季羡林的痛苦是漫长的，甚至萦绕他的一生。中国自古讲知恩必报，还有"补过"一说。

当父母和父母之邦有难的时候，即使自己无力救助，唯一的选择就是不离开，陪伴着亲人与母土。只有这样，才能免去一生的愧疚。

省视良心，我们每个人都有一些功课要补。

有的事情，没有分明的过失标签，但也得"补课"，因为该做的事情没有做。

深受儒家文化影响的那一代人，是认为"家室事小，天下事大"的。如胡适、林语堂等都容忍了自己的旧式发妻。而陈寅恪亦对吴宓说过，学术要精进，家庭可苟安。

对于一个影响了时代的著名学者来说，家事，只是季羡林的人性之小。可贵的是，季羡林的人性中还有家国之大，有冲天一啸的壮阔和大爱之举。

在《牛棚杂忆》一书《我的心像一面镜子》一节中，季羡林直白地表白道：

> 我确实没有当汉奸，也没有加入国民党，没有屈服于德国法西斯。但是，当中华民族的优秀儿女把脑袋挂在裤腰带上，浴血奋战，壮烈牺牲的时候，我却躲在万里之外的异邦，在追求自己的名山事业。天下可耻事宁有过于此者乎？我觉得无比地羞耻。连我那一点所谓学问如果真正有的话也是极端可耻的。
>
> ……
>
> 我当时时发奇想，我希望时间之轮倒拨回去，拨回到战争年代，给我一个机会，让我立功赎罪。

这是他的刻骨铭心之言。

一九九八年秋，我开始拍摄西南联大的纪录片时，即提出采访季羡林的要求，不料他一再推拒。他的理由是，他当时不在国内，不能谈。

李玉洁给我的解释是：抗战时期，先生在德国留学，对国内的事没有发言权。如果贸然说话，会引起那些有经历的人不满的。

这种谨慎堪称"学养"。不过，担心自己说话会引起那些经历了国内抗战的人们不满，这本身含有一种歉疚。

对西南联大，他谈得非常审慎，自己的身份摆得很恰当。

先生说："本来读书需要安静，可是西南联大在战争环境里，书却读得那么好，出了很多人才，民主运动也轰轰烈烈。这个，值得研究。"

他多次说："这个事情很有意义。"

季羡林是战时大学的缺席者，然而他关注着这一份重要的历史档案，每次见面都问我："做完了吗？"

当我把一套光盘送到他的面前时，他长吁一口气："终于做完了。"

随着对西南联大历史的发掘与采访，我渐渐明白了他的心意。

那个时代遗留下来的历史氛围和追问，虽然社会后来以各种迷雾掩盖，但在季羡林心中却始终如明镜似的，没有消失。

当举国上下经历了八年之久的血与火的抗战后，无论黎民、官员与士子，都经受了严峻的洗礼、考验、付出。这是一种精神品格的提升，这是一个责任担当的过程。

而有人在胜利之后从海外归来了，大家的心中势必潜伏质疑：

八年，世界都以为中国要亡了。在那些危亡关头，置亲人家小于何处呢？有什么理由不回来？如果国亡了，还会回来吗？

我的家乡云南到处散落着抗战的遗迹和碑记。幼时耳畔所闻，我的父母和他们周围的人们都卷入了这场攸关民族生死的时代风暴。作为普通学子和爱国青年，他们无一例外地参加了那些游行宣传、劳军慰问，也挨过日本飞机的轰炸。

母亲的同班同学参加了远征军。父亲在富滇银行为中缅公路集资。

对于最后的胜利，他们充满民族的自豪感，视为一生的光明。

我采访过陈省身先生。

当年，陈省身听命于清华大学的号令，从欧美繁华和平的世界回到被战火围攻中的上海，追随学校来到战火追逼的长沙，再到昆明。

他说："我们那个时候都痛心于祖国的弱啊，恨日本侵略啊。但是一个念书的学生，也没有什么很具体的办法。所以先回来再说了。"

这些留学生在抗战爆发的时候回国，有什么意义呢？

陈先生说："我想有重要的意义。因为中国在清朝倒了之后，政府没有一点方向和目的。以后出了这一群在国外念过书的留学生，他们实际的贡献不一定都很大，但是在观念方面，认为中国是可以变成一个伟大的国家，独立的国家，这是非常重要的。因为日本在中国的侵略，中国很多当政的人，比如像王光敏、梁鸿志这些人就做了汉奸，汪精卫倒是相当有学问的一个人，他也要跟日本合作了。因为他们对于中国的前途没有信心了，完全丢掉信心了，就觉得中国的发展只能靠日本人的支持。但西南联大的这一群留学生，觉得中国是可以站起来的。这是很了不得的，是最基本的贡献。"

季羡林自己有一笔"良心账"。这在他的《留德十年》中做了"清算"：

> 这个写作的过程实际上就是回忆的过程，有日记为根据，回忆不是瞎回忆。

> 写这样的回忆录，并不是轻松愉快的事情。

> 我为什么要写这篇东西，为什么在相距三年之后又写成清稿？这一言难尽，不去说它也罢。

愧疚，可以说是季羡林人格的一个重要元素。在他这里，愧疚成为通往高尚人品的阶梯。

我以为，正是这种长期的心理酝酿，造成他有一个渴望与祖国共患难的思想准备。所以他在紧要关头会做出比常人更大的担当、更无畏的行为，一反平时沉默安静的风格，立刻展示出其风风火火的另一面。

当高压来临时，别人也会愧疚，只是压抑于心。

季羡林却可以因为愧疚而"自请入地狱"。

以他的体验，"入地狱"比起"良心不安"来，更可以忍受，甚至得其所哉。

而邵燕祥先生能如此理解季先生，他也是宅心仁厚之人。

前些日子读到燕祥先生作于二〇一五年十二月十八日的诗作《一个早起的老人说》，竟然为自己活着并长寿而自责。

试摘其中文字如下：

> 只因为当年冲决一切的洪水巨浪
>
> 我顺流而下　还自以为勇者
>
> 而那么多人罹难的大灾祸
>
> 我得以逃生
>
> 并不是因为刚强　恰是由于软弱
>
> 我白白活过了八十多年
>
> 却不知该怎样救赎
>
> 对我同辈先死者的歉疚

这样深刻的愧疚之心，是一个人在情感道德上达到了"忧天下"的高度，才会产生的强烈情感。

比之范仲淹所说的"先天下之忧而忧"，这种愧疚心又具有更加真实的自省和担当。

季羡林和邵燕祥都是把对道义责任的完成提高到了"生命羞耻"的地步。

古人云："知耻近乎勇。"在这种强烈感情的推动下，他们二位不惮年迈，头顶霜华，而做出了大勇之举。

邵燕祥一直在用诗歌、回忆录和讲述，击打着历史的良心。

而季羡林，则在风暴中挺身而出。

驱使他们完成这些事情的，不是万丈豪情，而是低调的愧疚心。

这就是屈原所说的"内美"，是当今某些中国学人丢失了的最好的东西。

今天的中国知识界，倘若人们把那些"跟风"的精力、喧嚣的渴望，转化为自省之心，面对崇高，多一点愧疚，多一点平常心，则对于后人和国人，必有更及时的救助。

一九八〇年，季羡林先生参加中国大百科全书外国文学卷的审稿会，在莫干山与朱光潜（右四）、冯至（二排右四）等合影

季羡林先生和曹靖华（中）、傅光合影

一九八五年十月，季羡林先生与朱德熙（左二）、周祖谟（左三）在烟台合影

一九九八年，伊朗驻华大使代表德黑兰大学授予季羡林先生荣誉博士学位

一九九九年，印度国家研究院授予季羡林先生名誉院士

二〇〇〇年，德国驻华公使代表哥廷根大学授予季羡林先生
金质奖章

二〇〇一年，季羡林先生与在北京大学学习的泰国诗琳通公主合影留念

后　记

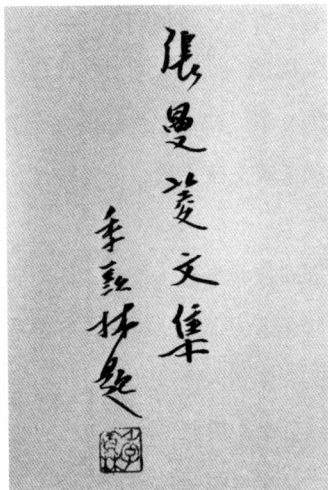

季羡林为《张曼菱文集》题签

守望

二〇〇九年夏，我专程来京吊唁季羡林时，向严家炎先生诉说了心中悲痛。

在家炎师夫妇安排下，邀理群师兄相叙。我说到要为季先生写篇文章。

是时我正在申办赴台采访西南联大相关人物，身负重任。当时赴台，事关西南联大历史，事关两岸血脉与文脉的重新沟通，对岸的学长们年事已高，望眼欲穿地期待我经年了。

我"赴台"这个事情也是季羡林、任继愈先生大力赞同的。

我如愿以偿，终于在二〇〇九年秋天赴台拍摄，用影像留下了那些尚在的老校友的声音、容貌，将他们口述的内容一并纳入了《西南联大行思录》中。

我也如愿完成了写季羡林的文章。特别顺，好像有天意。

文字出炉，时任三联总编的李昕先睹为快，以为这是一篇"力作"。

收到我的文章后，家炎师立即打来电话，表示嘉许，后力荐于《明报月刊》。其夫人晓蓉亲力促进。越年，有本系的师兄胡平生来滇相叙，见此文，亦赞同推进。

蒙香港方面潘耀明总编与陈芳女士关照，叶国威先生惠编，《季羡林：追念与思考》一文于《明报月刊》二〇一三年第一、第二期连载。

刊物推出，正值陈平原君在香港中文大学，他回京时帮我将送及北大方面的刊物带回。

这篇文章立即在网络传播，引发人们对这位北大教授的怀念之情。一些熟悉他的人反映：这正是他们所了解的季羡林。

二〇一三年秋季，在任重的陪同下，我到季羡林、任继愈二位先生的墓地去看望他们，带着这两期《明报月刊》和云南的火腿月饼。

去年，《当代》杂志刊登《季羡林：追念与思考》，有删节。

今年，见北大中文系七七级查建英同学在季羡林的《牛棚杂忆》英文译著上作序，特意提及先生一生中最华彩的乐章，他在历史重大关头的行事，深感欣慰。

母校北大诸君，在我毕业之后，尤其是在我做"西南联大"一事的过程中，给予我强大支持。

在我欲了解与季羡林相关的情况时，为解释我的困惑，北大前辈领导王学珍、师兄辈的领导郝斌，还有师弟辈的领导郭海，都及时地将重要的真实信息告诉我。

写季羡林，没有"北大背景"的人是做不到的。

在北大校园外，我也得到一些有识之士的支持。

陈四益先生是我辈早在校园享受学子时代之际就敬慕的作家。当年，他的精彩文章与丁聪先生的漫画配合，刊登在每期的《读书》上面，是二十世纪八十年代一道难忘的精神大餐。后来因为同在《社会科学报》开专栏，我们相识。

我初到亦庄造访时，四益兄说及他因为编辑一部书，曾与季老有过不快。然而，听我讲到季羡林令人震撼的言行，他为之变色，立即说："此可垂于青史。快写吧！"

季羡林是一个被推上"神坛"的学者。多年来，校园的声音已经被削弱和被淹没。社会对他先是给予盛誉，后是质疑。还季羡林一个本来面目，是对社会悬念的一个答复，也是对社会回归"正常态"的一种努力。

季羡林是不是"大师"或"圣贤"，于我无多大意义。我所牵挂的是：一个饱经世纪风霜，善良而孤苦的老知识分子；一个欲为天下分忧，为青年护翼的北大教授；一个承负了黑暗的闸门，欲放青年人到光明中去的师长；季羡林应该得到一个公正的历史评价和一份人性的纪念。

今春，承三联书店原总编李昕介绍，加入深圳报业集团出版社的这一套"共同体别传"，我执笔整理旧事。在小玲编辑的追逼下，我翻箧寻出一些旧照片与旧物。

北大校史馆馆长马建钧、图书馆馆长朱强，为我提供了季羡林的历史图片。

胡洪侠总编在阅读初稿后，提议命名"为季羡林辩护"。我同意，只去掉那个"护"字。

我原来拟的题目"几多风雨几多愁"，李昕提议动一个字，"几多风光几多愁"，更符合季羡林的人生遭遇。

写的是一些怀旧的师友往事，虽匮乏雄辩之才，但以一腔学子之情，还是要辩一辩的。

文里提到的那些导师，有的是曾经有幸共处校园，有耳提面命之缘的老师，如任继愈、汤一介、许大龄、林庚、金克木等先生。

有的则是遥闻书香、长期仰慕的先生。他们的遭遇，我听过，从回忆文字中看过，如巴金、钱锺书等先生。

比起我这一代"上山下乡"的学子，他们那一代人经历太多的冤屈、折腾。国人代代受磨难，而书香未断。正是先生们在赴汤蹈火之后，抱定"斯文"一脉，才为我这一代的学人创造了传承的氛围与可能。

我辈人当感激他们的坚守，他们于我们有"师恩"。

这篇文字，是为季羡林辩，也是为一代学者先人而辩。还有，是"为校园辩"。

这本书即将出版之际，季羡林之子季承诉北大返还原物案公开审理。在央视节目里，看到北大诸位旧人对季羡林的追怀，东语系同人和学生沉痛流泪，不由得想起一件往事。

二〇〇四年四月，我的"作品研讨会"在北大南门外的"风入松"书店召开。这是我的文字第一次结集出版，共三册。季羡林为我题写了集名。

那天，中文系师弟孔庆东、张颐武都来了，还有一些文坛朋友也到场。主办方是陕西师大出版社和搜狐网。季羡林要我把会议发言打印出来，带去给他。

季羡林当时已经开始住院，但还能够不时地回家。那个会议发言记录很长，他要别人一字不漏地读给他听了。然后先生说："这两个人（指孔和张），都是骂人的人。可是对曼菱没有，一片敬和之气，还知道分量。北大人，关起门来是一家！"

先生是有佛性的，他的话里往往藏有很多"机缘"。我听他的话，不把人"看绝"。

他对校园诸人，一向有宽容之怀，牵念之心。"君子和而不同。"北大人向来有这个"不同"。

对北大，先生已经倾注了他毕生年华。"鞠躬尽瘁，死而后已。"此话当属其人。

季羡林为北大留下了东语系，还有他在贫寒岁月中缩衣节食收藏的巨大文化财富。

因为他是把北大当作了自己的家园与血脉传承的。他更把北大当作了当今中国社会文化传统的坚守阵地。

先生晚境，诸多不易与不顺心，而其对北大之初心未改。至今，没有发现他留下任何"颠覆"前面所做捐赠的法律依据。

季羡林一直是处于清醒中的，记忆力也相当好。我多次看望他，可以感知到这些。由此我一直以为，先生应该是留下完整遗嘱的。有交代，才是他的性格。

第一次听到"季羡林有遗嘱"这个蛛丝马迹，是在央视2套的节目中。因此我一直不敢释怀。也许，这份珍贵的遗嘱落在他身边的什么人手中了？我等着，有一天水落石出。

北大与先生之间，不该有任何隔阂与淡漠。先生是北大教授，"北大"是先生一生的事业。抛开那些物与财的归属，季羡林此生的高品懿行，已经为北大校史，更为"北大精神"增添了华彩乐章。

在季羡林的内心，一直是把民国以来那批担负救国之道的杰出知识分子代表作为自己的表率恩师的。他的使命自然是追随他们。

他们是他的守望。这是灵魂对道义的守望，是对历史的交代。

没有一个人能把这漫长的路走到头。为了子孙后代，守望便是传承，是一个民族凝聚力量的方式。中华学人，这一代又一代的求索，决不可以放手。

有的东西，任它铺天盖地、主宰一时，不过是"物议"，当不了历史的家。有的人，一生只有一鸣，而这一鸣，可以长达千秋。

二〇一六年夏至至霜降　昆明

别 传 附 档

季羡林先生生平

中国共产党的优秀党员、中国民主同盟盟员、北京大学校务委员会名誉副主任、北京大学资深教授,国际著名东方学家、印度学家、梵语语言学家、文学翻译家、教育家季羡林先生,因病医治无效,于二〇〇九年七月十一日上午九时在北京逝世,享年九十八岁。

季羡林,字希逋。一九一一年八月六日出生于山东省临清市康庄镇。一九一七年在济南入私塾读书。一九一八年在山东省立第一师范学校附设小学读书。一九二三年考入正谊中学,后转入山东大学附设高中,开始学习德文,并对外国文学产生兴趣。一九二九年转入省立济南高中。一九三〇年考入清华大学西洋文学系，师从吴宓、叶公超等学习东西诗比较、英文、梵文。大学期间，因为成绩优异获得家乡清平县政府所颁奖学金。一九三四年从清华大学毕业，应邀回山东省立济南高中任教。一九三五年，考取清华大学赴德研究生，同年九月赴德国哥廷根大学留学，主修印度学，先后师从瓦尔德史米特教授、西克教授，刻苦学习梵文、巴利文、吐火罗文等，确立了毕生的学术方向。一九四一年，以优异成绩在哥廷根大学毕业，获哲学博士学位。因第二次世界大战正酣，归国无路，只得滞留德国，在哥廷根大学汉学研究所担任教员，同时继续研究佛教混合梵语，在《哥廷根科学院院刊》发表多篇重要学术论文，奠定了在印度古代语言研究领域的地位。一九四五年十月，离开德国经瑞士回到祖国。一九四六年，经陈寅恪推荐，受聘为北京大学教授，创建东方语言文学系并担任首任系主任直至一九八三年（"文革"期间除外），开创了我国真正现代意义上的东方学研究。一九五〇年加入中国民主同盟，一九五六年加入中国共产党，同年任中国科学院哲学社会科学学部委员，一九七八年任北京大学副校长兼中国社会科学院／北京大学南亚研究所所长，一九八〇年任国务院学位委员会委员，一九八四年起先后担任北京大学校务委员会副主任、名誉副主任，一九九三年当选中国民主同盟中央文化委员会副主任。曾先后担任中国外国文学学会会长、中国南亚学会会长、中国民族古文字学学会会长、中国语言学会会长、中国外语教学研究会会长、中国高等教育学会副会长和中国敦煌吐鲁番学会会长等多种学术职务。他是第二、三、四、五届全国政协委员，第六届全国人大常委。

季羡林先生学贯中西，汇通古今，在语言学、文化学、历史学、佛教学、印度学和比较文学等诸多领域都建树卓著，堪称我国学术界的一代宗师。他精通梵语、巴利语、吐火罗语、英语、德语、法语、俄语等多种语言，是世界上仅有的几位从事吐火罗语研究的学者之一。从一九八二年开始，他受新疆博物馆的委托，花费了近二十年时间，对新疆焉耆出土的吐火罗文《弥勒会见记剧本》进行释读，并用中文和英文在国内外出版专著和发表论文，对吐火罗语的研究做出重大贡献。从一九四四年到一九九〇年的近五十年时间里，他潜心于印度古代语言的研究，他将印度中世语言变化规律的研究与印度佛教史的研究结合起来，开辟了研究印度佛教史的新途径。二十世纪八十年代，他主持编撰的《大唐西域记校注》是国内数十年来西域史研究的重要成果。他历时十年潜心研究，于一九九六年完成的长达八十多万字的《糖史》，生动展示了古代中国、印度、波斯、阿拉伯、埃及、东南亚，以及欧、美、非三洲和这些地区文化交流的历史画卷，具有重要的学术意义。作为中印文化交流的友好使者，他得到中印两国政府和人民的敬重。二〇〇八年，他获得印度国家最高荣誉奖"莲花奖"，这是印度首次将此荣誉授予中国学者。作为文学翻译家，他翻译了大量梵语著作和德、英等国经典，尤其是印度两大史诗之一《罗摩衍那》和印度古代文学经典《沙恭达罗》等，并撰写了大量的研究著作，这些译著对我国外国文学研究具有极为重要的意义，他也因此被中国翻译协会授予"翻译文化终身成就奖"。从二十世纪八十年代后期开始，他极力倡导东方文化研究，主编大型文化丛书"东方文化集成"，五百余种八百余册；他十分关心祖国古代典籍的保存和抢救工作，在二十世纪九十年代亲自担任"四库全书存目丛书"总编纂，为弘扬国学做出了突出贡献。

　　季羡林先生为世人所敬仰，不仅因为他深厚的学识魅力，还因为他崇高的人格魅力。他曾这样说过："平生爱国，不甘后人，即使把我烧成灰，我也是爱国的！"无论在多么艰难的情况下，他都不忘祖国，不忘良知，不忘学术。在他留学德国期间，正值第二次世界大战，生活十分艰苦，学习极为困难，但他心里始终牵挂祖国，时刻想着尽快回到祖国怀抱，用所学为祖国做贡献。二战结束后，他立即满怀赤子报国之心辗转回到祖国。回国后的数十年间，他一方面积极献身于祖国的教育事业，为国家培养出一批又一批优秀的专业人才；

另一方面，他怀着强烈的民族荣誉感开展学术研究，产生了一批世界瞩目的学术成果，实现了早年许下的"让外国学者也跟着我们走"的愿望。新中国成立后，季羡林先生先后加入中国民主同盟和中国共产党。他团结广大盟员，和所联系的知识分子，为坚持和完善中国共产党领导的多党合作制度，为巩固和壮大爱国统一战线做出了积极贡献。他以强烈的爱国热忱积极投身于新中国的建设，为社会主义伟大事业贡献全部精力和智慧，用实际行动实践自己的入党誓言。"文革"期间，他受冲击被关进"牛棚"，遭到迫害。但他在最困难的时候也没有丢掉自己的信仰，没有丢掉对真理的追求，没有丧失对党和国家的信心。他甚至利用在东方语言文学系传达室看大门的时间，翻译了二百八十万字的梵文巨著《罗摩衍那》，成为我国翻译史上的一大盛举。粉碎"四人帮"后，他迎来了人生的又一个春天，他每天十几个小时地忘我工作，在八十多岁高龄的时候完成了平生最重要的两部学术专著《糖史》和《吐火罗文〈弥勒会见记〉译释》，又一次焕发出了蓬勃的学术青春。多年来，季羡林先生一直关心国家的改革、发展和建设，积极为党和国家建言献策。他在解放军总医院住院期间，中共中央政治局常委、国务院总理温家宝先后五次前往医院看望，他每次都直言不讳地向总理就国家发展、中华民族伟大复兴等重大问题坦陈己见。他爱护青年，关心人民。二〇〇八年，他将积攒多年的百万元稿费捐赠给北京大学，设立"北京大学季羡林奖助学金"，希望用这笔基金的收益奖励优秀的学生取得更好的成绩，同时帮助家庭经济困难学生顺利完成学业。二〇〇八年五月，当他得知四川汶川大地震的消息后，唰然而泣的同时立即向灾区捐赠二十万元。季羡林先生一生谦虚谨慎，淡泊名利，虚怀若谷，坦诚待人。虽然是当代学人钦佩的大师，但晚年的他公开表示，坚决要求辞去"国学大师""学界泰斗""国宝"这三项桂冠。先生一生致力于文化的传承、交流和创新，毕生为了弘扬中国优秀传统文化不懈努力，展现了一位中国学者对东方文明乃至人类文明发展的深切关怀和远见卓识。他出身贫寒，生活俭朴，一生刻苦，把自己的毕生精力都奉献给了学术和高等教育事业，留给后人的是他的精神、品格和学识。

季羡林先生的一生是光辉的一生，是追求真理的一生。他的去世，是北京大学的一大损失，也是中国教育界和学术界的一大损失。我们沉痛悼念季羡林先生，深切怀念季羡林先生。

季羡林先生千古!

（原载《季羡林先生生平》，由北京大学"季羡林先生治丧办公室"撰文并制作，张曼菱提供）

策划 / 出品：胡洪侠

责任编辑：高照亮　汪小玲

装帧设计：刘晓翔工作室

封面题词：邵燕祥

图书在版编目（CIP）数据

为季羡林辩：几多风光几多愁 / 张曼菱著 . -- 深
圳：深圳报业集团出版社，2016.12
ISBN 978-7-80709-763-1

Ⅰ . ①为… Ⅱ . ①张… Ⅲ . ①季羡林（1911-
2009）- 生平事迹　Ⅳ . ① K825.4

中国版本图书馆 CIP 数据核字 (2016) 第 262249 号

为季羡林辩：几多风光几多愁

张曼菱　著

深圳报业集团出版社出版发行

（518034　深圳市福田区商报路 2 号）

北京顺诚彩色印刷有限公司 印制　新华书店经销

2016 年 12 月第 1 版　2016 年 12 月第 1 次印刷

开本：787mm×1092mm　1/32　字数：10 千字　印张：7.625

ISBN 978-7-80709-763-1　定价：55.00 元